微胖
生存學

別讓體重決定妳的美

波痞————著

微胖生存學

即使不瘦，也不是世界末日

「哇！群群變這麼瘦！以後長大是不是要出瘦身書了啊？」

這是我小學六年級因為不想吃營養午餐瘦下來的時候，四姨丈對我說的話，為了避免有人想說「群群」是誰啊？在這邊說明一下，「群」是我本名中其中一個字，群群是我的小名。

姨丈當初講這句話的時候，大概沒有想過，這句話有可能會成真。大概也沒想過，這孩子因為是個女孩，瘦下來並不是就從此過著幸福快樂的日子了。她未來的一生之中，還要無止盡的為體重、為外表而苦惱。

其實大概從小學三年級，我就開始有當作家的夢想，只是隨著年紀增長，知道純文學的領域不簡單，自己大概沒辦法吃那

行飯。（好吧，這個夢想還是有，也許等哪天有閒了再來試試看吧！）後來因為在網路上寫了無數篇化妝教學，想說也許有機會出個彩妝書吧，沒想到就這樣放了好幾年，彩妝書也沒出。

倒是真的像姨丈當年講的，出了一本跟自己體重有關的書，只是這不是本瘦身書、不是本減肥書，而是一本跟妳聊如何接納、正視自己體重跟體態的書，是一本如何讓自己身體跟心理都更健康的書。因為從小胖到大，胖了又瘦、瘦了又胖，我曾經跟大部分女生一樣，對自己的體重斤斤計較，對自己的外表極度沒有安全感。

在分享各種穿搭、保養、運動、飲食的文章影片時，從大家的回覆、留言之

中，也看到這世界上還有許多女生跟過去的我一樣，不逼死自己不罷休。

留言的女孩說著：「超過 50 公斤就想死。」有影響力的網路媒體大肆宣傳著：「M 號以上就是胖子。」

這些看似不那麼嚴重，但事實上牽制著大家對自己外表與認同感的言論，無時無刻、隨時隨地存在著。但我們真的「應該」這樣活著的嗎？

天生體質注定超過 50 公斤的女生，就該死嗎？天生骨架就要穿 L 號的女生，即使已經骨瘦如柴，也是胖子嗎？

宣揚著這些言論的人，可能根本沒有想過這樣的可能性，也沒想過這樣的言論可

能影響多少人。

過去不管我怎麼努力減肥，世人還是能夠對我的外表挑毛病。

但在接受自己「就是不那麼瘦」以後，我不僅放過了自己，別人對我的看法也變得有所不同。我這才發現，即使不瘦，也不是世界末日；體重是多是少，也不能決定我的美醜。現在我 70 公斤，還是覺得自己美呆了。

在這本書中，我希望可以跟大家聊聊那些從來沒有機會公開的人生故事，希望透過我接受自己的過程，也能讓各位以更輕鬆的心態去接納自己、認同自己，別讓體重決定妳的價值！

我知道我不瘦

當時只是孩子的我，
不知道言語也是霸凌的一種。

即使沒有排擠、沒有小圈圈、
沒有人坐在我身上，

他們依舊是用自己認為沒有惡意的方式
在傷害著我。

而身邊這些大人、小孩對待我的方式，
讓我覺得自己真的很胖、很醜、很不應該。

1

我不瘦，從小開始

大家都知道，羅馬不是一天造成的，但卻沒有很多人知道，我的胖也不是一天兩天的事，要說起這個故事，大概要從三十年前追溯起⋯⋯

我媽媽是個對自己很嚴格的人，即使現在已經年屆七十，還是相當忌口，把身材維持得很好，所以從我的幼兒時期，媽媽就非常嚴格控管我的飲食。

該吃多少就是多少，絕對不能過多，不因為是個幼兒就無限量供應餐點！

就這個劇情走向看來，我應該要長出水原希子那樣的骨感身材、四肢纖細、BMI 低於 16 才對，但每天媽媽一餵完我早餐後踏出家中大門去上班，視線才剛離開我沒幾秒，外婆就馬上開始瘋狂餵食——用白飯撒上少量鹽巴，捏兩顆糯米飯團大小的熱騰騰飯糰，還不是大家常見的三角飯團大小，掐指一算，這大概有四碗

白飯的飯量，就算是成年人都不見得吃得完了，我卻每天都能把它吃光光。

一邊捏飯糰的同時，外婆還不忘用客家話跟來訪的阿姨抱怨：「她媽媽真夭壽，給小孩吃這麼一點怎麼會飽，所以每天她出門，我就再捏兩個飯糰，飯糰吃下去才會飽啊！」

由於一個小孩早餐就吃掉四碗飯量的飯糰真的太驚人，到現在逢年過節聚會，阿姨還會把這件事情拿出來跟大家一聊再聊，怎麼講都講不膩。也因為營養充足、睡眠充足，每天跟著外公外婆到處走走逛逛，當時的我不僅長得比同齡的孩子大好幾圈，身高也跟比大我兩歲的孩子差不多。

隨著年齡增長，外婆的餵食竟然變本加厲，看我喜歡喝玉米湯，一週就有五天煮玉米湯；看我喜歡吃肉，就自己看電視學了漢堡排的做法，一煎就幾十個！

而我也覺得被餵食的時光極為快樂，想起來都是滿滿的幸福回憶，這才叫真正的幸福肥。我們家在很鄉下，附近只有一間小小雜貨店，鄰居們也互相認識，所以就算是年紀很小的孩

子，都能安全的自己走去雜貨店幫忙跑腿。從我有跑腿能力開始，外婆就會每天下午偷偷塞給我十塊錢，讓我去雜貨店買零食吃，偶爾順便幫忙買買蛋、買買燈泡。當時的十塊錢可以買到一包正常容量的洋芋片、玉米片，一個不小心又是大約400~500大卡的精緻澱粉與大量油脂下肚。

這樣的時光大概維持到我小學二年級。因為上了三年級，下午開始要待在學校上課，就沒有這種十元洋芋片紅利時光了。

這系列沙龍照留下了我 138 公分、體重 48 公斤的證據。

一直到現在我都還印象深刻，小二時有一次量身高體重，我的身高已經 138 公分、體重 48 公斤。

　　在那個極胖時期，媽媽竟然還帶我去拍了當年很流行的沙龍照（畢竟當時還沒有數位相機這種東西，更不用說是智慧型手機，要留下小孩的照片可沒那麼容易）。

　　似乎是她的朋友跟她說：「小孩子現在這麼可愛，再不拍他們就長大了！」於是媽媽找了一間在市區頗有名的攝影工作室，幫我拍了一系列沙龍照，也因為這樣，才留下我 138 公分、體重 48 公斤的證據。

　　所以現在聽到有人抱怨自己不夠瘦，要瘦到 38 公斤、40 公斤、45 公斤的時候，我都會跟她們開玩笑說：「我上一次體重 48 公斤可是小學二年級的事情。」當我說這句話自嘲的時候，心裡希望的是這些女孩能放過自己，多了那幾公斤，世界並不會因此而毀滅。

　　雖然很多人會講「小時候胖不是胖」，但我想小時候真的有胖過的人，大概都會有一點心理陰影，也會深深知道因為小時

候把自己吃胖了，現在會有多容易復胖。

　　聊起這些兒時回憶，倒不是要描述我的外婆有多會餵食小孩，而是想，許多為身材苦惱的人，成長過程中可能也有類似的經驗，也許不至於如此極端，但如果一個孩子會因為刻意抑制食量導致報復性進食，那我想在減肥苦海中浮浮沉沉的各位也是一樣的，與其過度節食、過度控制飲食內容，導致之後暴飲暴食而復胖，不如找到適當而長久的飲食方式。

因為胖，我所遭受過的對待

　　在外公外婆與其他家人的溺愛之下，我雖然胖，也深知自己就是個小胖孩，但日子也過得還滿愉快愜意的，並不認為這樣有什麼問題，而且因為阿姨們都很疼我，所以也沒有因為胖而遭受過什麼負面的對待。但，唯獨有一個阿姨，我真的是……到現在還討厭她（真是一個記恨超久的孩子）。

　　有一天我只是很普通地在家裡吃飯，當時是午餐時間，所以真的是在吃飯，不是無時無刻都在狂吃個不停的那種吃飯。總之那個阿姨回到家裡找外公外婆，看到我在吃飯就用客家話說了一句：「恁肥還食！」翻成國語就是：「這麼胖了還吃！」

　　當時我因為年紀還很小，不懂這是酸言酸語，但當下也還是覺得滿不舒服的，重點是那個阿姨是我所有阿姨裡，唯一一個自己也很胖的。

聽到她說這句我更是氣到不行，雖然當時小到不知道什麼是「也不先看看自己的樣子再來講別人」，但我到後來都還一直很討厭這個阿姨。

倒不是因為胖就不能被說吃很多，而是不管胖或瘦，人本來就應該在用餐時間吃飯啊！明明這不是一個應該被酸的點，卻因為胖就很容易被人批判「進食」這個生物本能。

而且這樣的類似事件還不只一個，其他故事我後面再跟大家娓娓道來。

以我現在的樣子跟氣勢，大概很多人都以為我學生時期是那種會霸凌同儕的太妹大姐頭，但事實上我小時候因為胖，被人欺負、霸凌的經驗還真不少。而且人生中第一個帶頭欺負我的，竟然是自己的親戚。

我媽媽是個節制而自律的人，當然無法眼睜睜看著我這樣胖下去，於是她決定送我去學芭蕾，增加一點運動量跟靈活度，看能不能讓我瘦一點。

在舞蹈教室上課的時候，為了要讓小朋友在跳舞的時候搭配

起來比較和諧，會按照身高分班，於是從小長得很巨大的我，同班同學都是大我兩歲的姐姐，雖然體型看起來差不多，但三歲跟四歲、五歲，甚至六歲的孩子在心智方面的成熟度可是天壤之別。

同班有個大我兩歲的親戚，從小就常因為我胖胖的又笨手笨腳，總是有意無意地欺負我，在舞蹈班中更是帶頭排擠我，不讓我加入她們的小圈圈，有時甚至會惡意推擠、坐在我身上之類的。

身為一個年幼的小胖孩，心智成熟度不如人就算了，靈活度也不足以反擊這些瘦長的孩子。也因為年紀小，我其實不知道那就是排擠、就是欺負、就是霸凌，直到媽媽有次提早來接我，才發現我竟然一直被全班同學欺負。

念幼稚園的時候也一樣，什麼都沒做就莫名被其他孩子排擠，更會因為一些小事被講難聽的話。一開始被欺負，回家哭哭啼啼跟媽媽訴苦還會被安慰，幾次以後媽媽終於受不了，告訴我：「別人打妳，妳不會打回去啊？」

不得不說，這句話在我心中投下一個震撼彈，誇張一點，要說這句話改變了我的人生也不為過。

雖然聽起來是以牙還牙、以眼還眼的野蠻應對方式，但我必須說，這句話給了當時的我挺身反抗的勇氣，不再認為「別人是可以欺負我的」。

往後的成長過程中，無論欺壓來自什麼對象、什麼原因，我也多了一份質疑與反抗的勇氣。

媽媽希望我學芭蕾增加靈活度，沒想到在那裡遭遇到我人生中第一場霸凌。

3

那不是玩笑，是惡意

在懂得反抗、懂得為自己建立孩童之間的社交地位以後，我不再被欺負、被排擠，但意識到胖就是醜、胖就是丟臉、胖就是惹人厭之後，其實看待自己的角度跟方式也就不一樣了。

身為一個小胖孩，學期之中我最討厭的就是兩件事——健康檢查與體適能測驗。

健康檢查這件事，完完全全就是公開處刑，大家都在期待著自己的成長：經過一個學期到底有沒有長高？體重有沒有稍微增加？是不是長大了？

只有我的心境與其他人完全不同：「我是不是又變胖了？」「我是不是比其他人重很多？」「他們聽到我的體重會不會笑我是豬？」

隨著保健室阿姨一個個唱名唸出身高體重，我的心情越來越忐忑，一邊還在意著為什麼自己的座號偏偏是倒數第三號而不是最後一號，

如果是最後一號，是不是就沒有人會聽到我的體重了？「138公分，體重 48 公斤。」從體重計下來以後，聽到的又是一陣嘲笑與揶揄，就跟預期的一樣。

另一個公開處刑的就是體適能測驗（差點忘了，還有運動會），先別說永遠吊車尾的一百公尺短跑，以及連怎麼起跳都不知道的立定跳遠。

除了小學二年級就 48 公斤以外，另一個我永遠記得的數據，就是我人生中第一次做仰臥起坐，最高紀錄是 6 下。而且還是用盡所有力氣以後，才終於做了 6 下。

雖然被公開處刑久了也會習慣，被嘲笑久了也會無感，聽過各種歧視的言論，久而久之也就麻痺，百毒不侵了，但有些事情現在回想起來，真的覺得非常糟糕。

最讓人覺得糟糕的，是這些人都會說：「我只是開玩笑。」來合理化自己不恰當的言辭。小學五、六年級的時候，曾經發生過一件我覺得真的很政治不正確的事，當然小時候不會那麼想，長大以後才覺得這件事情很不對勁。當時班導師是個男老

師，而且是那種真的很不管事，對班上完全採取放縱主義的老師，只有偶爾班上男生太皮才會突然發飆，平常根本不太處理班務的那種老師（還是要說，我在求學過程中遇到的其他老師大部分都很好，這一位算是特例）。

當時的我其實已經沒有那麼胖，頂多就是微胖而已。五年級的我大概 157 公分高，體重 63~65 公斤左右，六年級的時候大概 162 公分，53~54 公斤左右（所以我說我從小就很巨大，真的不是隨便說說的）。

除了我以外，班上還有幾個微胖、肉肉的女生，有一次上課途中，班上男生突然開始起鬨，幫有點胖胖的女生們取綽號。一開始講豬、河馬、大象，講完後意猶未盡，似乎覺得還不夠過分，又開始拿貨車、卡車這類大型交通工具來比喻。

理論上，老師如果心態健康，應該要阻止這些小男生繼續用不恰當的言語欺負其他同學，但這位老師竟然加入這些小男生的話題，帶頭說了一句讓我永生難忘的話：「如果像她們這麼胖，應該要叫做航空母艦。」

微 胖 生 存 學

說的同時還笑得樂不可支，男同學們也覺得好玩，就這樣叫了一陣子，還把我們編列為「航空母艦一號」、「航空母艦二號」，彷彿我們在他們眼中已不是人類。當然我因為一路走來聽過各種難聽的綽號，並沒有覺得這個綽號有什麼大不了的，但現在回想起來，實在覺得一個老師竟然帶頭說這種充滿了歧視的話，有點不可思議罷了。

　　我確實是不瘦，但似乎不應該得到這樣的對待。

　　只不過還是孩子的我，不知道這樣也是霸凌的一種，即使沒有排擠、沒有小圈圈、沒有人坐在我身上，他們依舊是用自己認為沒有惡意的方式在傷害著我。而身邊這些大人、小孩對待我的方式，讓我覺得自己真的很胖、很醜、很不應該。

上：被外婆餵養，從小就比別人大好幾號的我。

下：五年級時，57 公斤的我其實已經不算太胖，頂多算是微胖。

減肥之路，
從十歲開始

每當我提到自己是易胖體質，或說自己又復胖了幾公斤的時候，總會有些人跳出來說「少吃多動」、「多喝水」、「你一定是吃太多」、「你一定是都沒動」這類的風涼話，看到這樣的言論我都會格外憤怒，因為他們並不知道我做了多少努力，他們也不會知道，我自嘲、抱怨，只是為了讓自己喘口氣。

我這一輩子，都在跟自己的體重對抗，從十歲開始。

1

學校莫名的安排，意外變瘦

前面提到，直到小學三年級以前，我每天下午都有來自外婆的十元幸福零食時光，這短短的一年也是我人生的轉捩點之一，因為人生中第一次「瘦下來」，就是發生在那個時候。

在我小學三年級的時候，學校宣布了一項政策，就是在學期末結束以前，所有三年級學生都要能夠連續跳繩一百下。先不論學校為什麼會有這麼奇妙的政策與目標，這件事確實強迫了當時不擅長運動的我必須動起來。

跳繩一百下本身並不是什麼大不了的事情，但對一個小胖孩來說，就是件大事了！相較於其他活力滿點、永遠精力充沛的孩子，從小我就不吵不鬧不喜歡動，運動神經、協調能力也低下到不行。一百公尺絕對要跑個二十幾秒、球類運動永遠是被球打、明明長得高，跳高卻永遠跳不過。在剛開始練習跳繩的時候，連續十下都有難度

了，跳到一百下是多麼遠大的目標啊。

　　但同儕壓力逼得我不得不努力，在我連續跳繩十下都有問題的時候，同學們不僅原本就能連續跳個四五十下，還能夠變出交叉跳、反著跳、反著交叉跳等等不同的花招。大家都會只有我不會，那是件多丟臉的事啊？讓我不得不加緊腳步，每天回家都逼自己跳個一百下以上，時不時還要練習花式跳法。一個學期下來，連續跳繩一百下的目標達成了，再加上升上三年級，下午要在學校上課，少了外婆每天十元的五百大卡洋芋片下午茶時光，體態竟然也變好了！這還真是開始練習時沒有想過的額外紅利。

　　時至今日，我雖然已不再一味羨慕天生纖細吃不胖的人，卻還是很崇拜天生運動神經良好、喜歡運動的人，因為天生運動神經良好，自然會喜歡這件事，因為喜歡這件事，自然而然熱量消耗就會比較高。

　　有很多人在一開始立下減肥計畫的時候，會給自己立下超激烈的目標，像是每週運動七天、每次三小時之類的。但如果本

來不那麼喜歡運動，絕對不可能在這麼激烈的計畫中喜歡上這件事的，大概只會越做越覺得痛苦無比，反而很容易一遇到挫折就從此放棄，完全停止任何減肥計畫，體重又以極快的速度反彈回去。

　　如果原本完全沒有運動習慣，其實只要稍微增加一點點讓自己動起來的時間，身體就會給予滿大的回饋，倒不用一開始就逼自己做些很困難的事情。比起做「很困難」、「很激烈」的運動，將這個運動持續做下去而不是三分鐘熱度，才是最重要的。

2

第一次因節食而嘗到甜頭

一提到少吃多動，大部分人會選擇執行的往往是「少吃」而不是「多動」，畢竟比起辛勞地活動，減少進食量好像是件相對容易的事情，我也在年紀很小的時候就嘗到「少吃」的甜頭。不過在故事開始前，還是要先提醒大家一下，我覺得「少吃」這個詞彙很容易誤導大眾，想要健康地維持體態，要做的是「飲食控制」而不是單純的「少吃」。

回到原本的故事，由於我們是鄉下的學校，原本是沒有營養午餐的，每天中午，學生、老師可以選擇訂便當、帶便當或回家吃飯，不知道該說是落後，還是走在時代的尖端。所以每天中午我都會回家吃外婆煮的好料，外婆還會投我所好，專煮我愛吃的菜，每天中午都是好幾碗飯跑不掉。這些充滿了關愛的美味，一餐吃下來可能就是近千大卡了。

直到小學六年級發生了一件事，終於阻止我的體重繼續上升
──就是學校開辦營養午餐了。雖然挑食不是件好事，但某種
程度而言，我一直覺得還好我是個挑食的胖子，不好吃的、不
愛吃的、不想吃的，就算餓死我也不吃！

　　當學校開辦營養午餐以後，我每天中午充滿愛心的美味餐
點，瞬間變成味如嚼蠟的糧食：只有勾芡幾乎沒有料的死鹹玉
米「濃」湯、炒到發出苦味的青菜、油量過多的螞蟻上樹……
臣妾真的吃不下去啊，胖歸胖，我可不是飢不擇食的！也因為
這樣，原本午飯得吃好幾碗飯的食量，瞬間縮減成不到半碗，
其他料理更是沒吃幾口就停下筷子。

　　原本體重 65 公斤的我，在三到四個月內，就這樣直線下降
了 10 公斤，變成 54 公斤。雖然比起同齡纖細的少女們，我的
體重還是不輕，但至少不再是那個被稱為「航空母艦」的女孩。

　　當時十二歲的我，第一次嘗到「少吃」、「節食」的甜頭。
原來只要吃得少一些，就能瘦下來；原來只要有一餐幾乎不吃，
體重就會直線下降。

3

因病態節食而走樣的青春期

十二歲的我，人生中第一次脫離了「胖子」的狀態，老實說當時真的有種醜小鴨變天鵝、女大十八變的感覺，不再被當作胖子，真的令人感到相當快樂。

不久後進入國中就讀、進入青春期，在這個新的環境裡，幾乎沒有任何人知道我以前是個胖子，雖然還是個肉肉的女生，偶爾還是會被同學開玩笑，但至少不是那種發自內心的厭惡。因此，我真的很害怕再度回到胖的狀態，很害怕再度成為被人取笑、霸凌的對象。但天生不擅長運動的我，心目中「信任」的減肥方式就只有節食了。我打從心底認為，只要吃得少自然不會胖、自然不會回到以前那個狀態。

但從小吃得多、吃過量的我，根本不知道「正常食量」到底是多少！所以我就看其他女生吃多少，然後吃比她們的量再少一些。比方說她

們吃一個便當的八分滿，那我就大概只吃半個便當。

　　但其實當時我從家裡帶的便當分量本來就比一般人還少（便當是媽媽準備的而不是外婆，保證沒有要我多吃的意思），小小一個便當盒我只吃一半，剩下的飯菜就分給同學，就成長期的我而言，熱量攝取根本就不夠。

　　國二外婆驟逝以後，還在上班的媽媽因為自己沒有吃早餐的習慣（當然也是因為要維持體態），所以給我的那份早餐都準備得很簡單，常常只有一杯牛奶跟半片吐司。

　　一杯牛奶跟半片吐司的量，現在的我可能會覺得塞牙縫都不夠，但因為媽媽本身不吃早餐，再加上我原本一直習慣的食量其實是過量的，所以當時我發自內心認為這樣的早餐量才是「正常的」。但實際上，無論是一杯牛奶跟半片吐司，還是有四碗白飯量的鹽味飯糰，兩者都不正常。

　　國中時期的我，常常早上六點多早餐吃完，八點鐘升完旗還沒開始第一堂課，已經覺得肚子餓得受不了，可是當下我心裡想的是：「我真是個可恥的胖子，為什麼早餐吃完沒多久又餓

了？一定是我以前習慣吃得太多了，絕對不能再多吃。」

　　原本大食量的我，久而久之也習慣了這個進食量，只是跟其他人相比，我會動不動就臉色發白、頭暈貧血。

　　不過在那每天都要升旗、晒太陽的日子裡，倒也不覺得這是壞事，明明因為長得高大所以總是被認為身強體壯的，但一旦臉色發白，就有能夠蹲下休息的藉口，在學生時期，這樣的時光也算是個小確幸。

　　除此之外，第一個出現的異狀是我開始大量掉頭髮，隨便一梳就會掉個一大把，明明是短髮，掉下來的頭髮集中後卻有一大束，原本厚厚的一把頭髮，變得很薄很稀疏。即使節食到這樣，身體已經出狀況了，我的體重也只是維持在 58~62 公斤左右，並不算非常瘦，但以我的身高，這樣的體重真的算不上是胖子，只是距離一般青少女大約 38~45 公斤的纖細體重，還有一大段距離罷了。

　　上了高中以後，因為變得更愛漂亮、更注重外表、更害怕過去那個「肥胖的自己」捲土重來，於是我用更加激烈的手段節

食。早餐只吃一個便利商店御飯糰跟無糖綠茶，飯糰還一定要選熱量最低的那一款。明明喝綠茶會心悸，卻因為聽說綠茶幫助減肥，還是硬著頭皮繼續喝。中午學校賣的滷肉飯，小小一盒我只吃三分之一，其他就分給食量大的同學。

有時候只吃一包蘇打餅乾配鮪魚罐頭，但不得不說，這款日本進口的蘇打餅乾與鮪魚罐頭真的超好吃，現在回憶起來，吃它的時候我確實是心甘情願的。

國三時期 54 公斤的我，是有點虛胖，但真的算不上是胖子。

看到這邊，應該很多人會認為當時的我大概瘦得像個仙女，風一吹就會被吹跑。但其實在我極力維持體重的時候大約 54 公斤，稍微鬆懈就會回到 57~59 公斤，根本是個跟骨感、纖細扯不上邊的體重。

不知道為什麼，別人的短袖襯衫摺起袖子看起來是如此纖細，而我摺起袖子卻顯得更胖了；別人在百褶裙下露出的小腿是那麼勻稱，而我的小腿卻是她們的兩倍寬。

有些很久不見的人看到我甚至會笑說：「怎麼越減越肥？」

當然那時候的我用的減肥方法的確是錯誤的，但是我聽到這樣的話真的只有絕望，多想對這些人大喊：「我是真的努力過了啊，不像你們不用做任何事就是瘦的！」

事實上，這就是典型「因為攝取的熱量不到自身基礎代謝率，所以代謝變得更加低下」的狀況，所以我即使吃得超少，體重也不會有明顯降幅，卻會因為稍微多吃一點，體重就馬上回彈。

可是十七歲的我，不知道什麼是基礎代謝率、不知道什麼叫

攝取足夠且正確的營養成分，只知道吃進去的東西越少、攝取的熱量越低，我應該就能越瘦，離體重低於 48 公斤的目標也就更近了。

我認為理所當然的這些事，卻對身體造成嚴重消耗，也在無形中造成很大的心理壓力。

好不容易瘦到 52 公斤的我，終於小腿跟瘦瘦的同學看起來差距沒有那麼大，不再是她們的兩倍寬了。

明明也還不是紙片人，卻開始常常生病、不明原因發高燒、暈眩、腸胃發炎，生理期經痛嚴重以外還常常嘔吐。大部分的日子也都不快樂，明明學業成績不錯、外表也不難看，每一天醒來卻覺得人生都是無止盡的痛苦。

有一天因為身體不舒服，體育課直接留在教室裡休息，同學可能也見怪不怪了，所以即使下一堂課我沒出現，也沒有任何人過問。

不知道是長期心理壓力造成的，還是身體真的太脆弱，我突然覺得自己喘不過氣，沒有辦法呼吸，但教室裡面一個人也

沒有，我只好自己走到教師辦公室去跟老師求助，明明只有相隔一間教室的距離，卻覺得好遠好遠，我扶著牆壁大口地喘著氣，拖著沉重的腳步一步步前行，不知道隔了多久才終於走到辦公室。看到我的狀況，老師趕快打電話請媽媽來學校接我，帶我去看醫生。

到醫院的時候，我已經全身發麻、四肢僵硬，無法自己站立，是媽媽跟醫院借了輪椅才把我推進急診室的。

醫生說：「這是過度換氣。」要我放慢呼吸的速度，不然可能會有休克的狀況。

多年後我才知道，過度換氣是由於心理焦慮而引發。雖說外表看起來沒有異狀，但「想要變得更瘦」這個念頭，在我心裡已經造成了巨大的壓力。

現在三十二歲的我，在家裡寫到這一段過去時，其實心裡非常難受。因為回想起來，媽媽當時看起來雖然冷靜，內心卻不知道有多擔心、多心痛，一個好好的女兒，怎麼會變成這個樣子呢？

這悲壯的 52 公斤，經過幾天靜養，又回到了 54 公斤。

基本上，整個青春期的我都在為了體重而激烈節食，由於天生是臉跟上半身比較瘦的體質，54 公斤的時候上胸的肋骨隨便都會出來見人，所以乍看之下，好像還瘦得挺有那回事。不過升上大學做了健康檢查後，我才發現除了體重以外，原來我還有另一個敵人——體脂肪。

拿到健康檢查報告的同時，我得知兩個重大資訊，一個是我竟然有地中海型貧血，另一個則是我的體脂肪竟然有 30%（這兩件事的重要性是可以互相比擬的嗎？）原來努力了這麼多年，營養不良頭髮掉滿地，搞到自己焦慮症發作差點休克，我也不過是個泡芙人而已！進入大學後，聚餐多、活動多，我又胖了 10 公斤，於是我走上另一條激烈減肥的路。

身邊的同學都是怎麼吃也吃不胖的體質，吃完十顆水餃再吃一碗湯麵還能再吃一包鹹酥雞跟薯條。

只不過是跟著他們把十顆水餃吃完再吃幾塊鹹酥雞就胖了

上：高一時期（右，左邊是感情很
好的學姊）。
下：高二最瘦的時期。

10 公斤的我，看著骨瘦如柴的他們，也只能怨自己的基因就是容易胖。

既然我塵封的食慾之鎖已經被同學打開，想回到只吃三分之一盒滷肉飯的日子應該是不可能了，既然人們都說減肥該少吃多動，那就動起來吧！

上網做了功課以後，我得知要降低體脂肪就得做有氧運動，對沒錢的窮學生來說，在學校操場慢跑應該算是 C/P 值最高的選擇了。不擅長運動的我就真的這樣硬著頭皮，從每天跑 3 公里加長到 4 公里，到最後每天跑 5 公里。

除了生理期第二天真的痛到連走路都有困難的日子不跑以外，即使是飄著細雨的日子、雨前大水白蟻大量打在臉上身上的日子，我都一樣堅定不移，吃到蟲子也要繼續跑！

慢跑這件事情對我來說還有一個減肥紅利（？）因為擔心慢跑時食物會在胃裡翻攪造成不適，慢跑前我往往吃得非常少，慢跑後則是因為有點缺氧而反胃，根本沒有食慾，吃不了太多東西，扎扎實實執行了所謂的「少吃多動」。

微胖生存學

高三時期。

左邊是我，右邊是當時的實習老師。

再加上當時根本沒錢吃什麼好東西，常常都是一顆高麗菜、一包麵線，就可以煮好幾天的高麗菜麵線來吃，一碗不知道有沒有一百大卡，也不知道吃這樣是要攝取什麼營養，只知道水煮的東西熱量大概比較低、肉大概容易胖吧，再愛吃肉都只能忍下來。

　　這樣跑了幾個月，體脂肪確確實實降下來了，從 30% 變成 19.5%，我還是人生第一次知道，原來體脂肪快速降下來以後，會瞬間變得非常怕冷。每一天在黑夜裡跑著（因為不想曬太陽也不想浪費防曬乳），我都覺得我的世界黯然無光，只能永遠在這片黑暗之中掙扎喘息、瀕臨昏厥，覺得自己好像跑在一條沒有盡頭的道路上，只要我在意體重一天，就要這樣跑到死為止，所有負面的念頭都會在那時候不停湧上來。

　　大家不是都說，運動的時候會分泌讓人快樂的多巴胺嗎？為什麼對我來說，只有無止盡的痛苦而已呢？

　　之後來了一個颱風、兩個颱風、三個颱風，再接著天氣就漸漸轉涼了，由於我們學校在關渡，天氣一轉涼氣溫就變得很

低，要在戶外活動變得很困難，「每天慢跑」變成每年梅雨期結束後，天氣轉涼前的夏季期間限定活動。

但只要一停止慢跑，我的身體就會以極快的速度復胖，又胖回 65 公斤左右。當時的我完全沒有辦法理解，明明開始有了運動習慣，身體的新陳代謝不是應該要提升嗎？為什麼又會那麼快復胖呢？這也是許多只做有氧運動、跳有氧操的人常遇到的問題。

其實是因為只做有氧運動跟節食，再加上食物的營養成分攝取又不正確、不足夠，所以減重過程中肌肉是會被消耗掉的，在我減掉的體重裡面，減掉的肌肉重量也許比體脂肪重量更多。肌肉量越高，基礎代謝就會越高，相對的肌肉量越低，基礎代謝率就會越低。

再加上攝取的熱量過低，身體會啟動生存機制，變得更容易保存熱量，因為身體會覺得自己沒東西吃，慢跑又像每天被老虎追，都要活不下來了，為了生存，當然吃進什麼都要保存下來啊！

我近乎瘋狂地「少吃多動」，養成的是一個代謝越來越差、越來越容易儲存多餘能量的體質。

　　所以我才厭惡社會大眾總是過度簡化、一知半解地大肆宣揚「少吃多動」這件事，如果要讓身體、心理都健康的話，是需要適當且適合的飲食控制，再依照每個人的個別狀況搭配不一樣的運動。而不是吃得少、吃得熱量低就對了，也不是一味地瘋狂運動就能夠養成吃不胖的體質。

　　廣義來說，「少吃多動」並沒有錯，但如果沒有正確的觀念，就很容易造成誤解。

4

為了符合社會審美觀

　　現在的我可以說得義正詞嚴、頭頭是道，但書裡那個時期的我還沒有認知到這個階段。過去的我在微胖這條路上走得跌跌撞撞，這些分享只是希望你可以不用重複我走過的冤枉路。萬一你也一樣走得跌跌撞撞，還在這條路中浮沉掙扎，也希望你能早日解放自己，不再被社會的價值觀束縛。在這本書裡每一個時期的我，都可能是你。

　　故事再回到瘋狂少吃多動，好不容易瘦到 54 公斤，體脂肪大概只有 20% 的我。只能說大學時期還好都孤家寡人，沒有人陪我一起幸福肥，體重控制也相對比較容易一些。但在大學快畢業時，我跟老公 71 在一起了。幸福的重量真的太沉重，跟他在一起不到三個月，我就已經胖了 8 公斤。大四時我就已經在做現在這份工作了，只是當時還沒有「網紅」這類的名詞。在

大部分人眼中,這個行業跟模特兒、Show Girl 沒什麼差別。在跑活動時,跟其他個子嬌小、四肢纖細的同行比起來,因為幸福肥而超過 60 公斤的我,在各品牌攝影師眼中,簡直是行走的巨獸。雖然不至於當面冷嘲熱諷,但快門按下去的那一瞬間,嫌惡之情總是藏不住的。

　　大家都是如此骨感時尚,不那麼纖瘦的我,在他人眼中,似乎連從事這個行業的資格也沒有。於是我更迫切地想要瘦下來,各種奇怪的、激烈的飲食法都嘗試了,但還是覺得不夠,還是覺得「為什麼只有我是一個體重超過 50 公斤的人」。在聽說親友看了很有效的減肥門診減下十幾公斤後,我也去看診,每個月花好幾千塊在這些減肥藥上。而我也確實瘦得很快,自從小學六年級營養午餐那次意外節食瘦一大圈以後,我再也沒有看過這種降幅。在過去每天跑五公里又少吃的日子裡,雖然體脂肪下降,但我體重頂多一個月減少 1~1.5 公斤,曾經堅持一整個月每天游泳三千公尺,卻連 0.5 公斤都沒少,體脂肪也沒有改變。可是在吃減肥藥的第一個月,我就降了 4.5

公斤，後續每個月也都有明顯降幅，就這樣不到四個月的時間，我又從 64 公斤瘦回 53 公斤。

　　但現在回想起來，減肥藥的副作用其實是很可怕的。本來脾氣就不是很好的我，變得更加焦慮暴躁，只要一點小事就能讓我歇斯底里、情緒崩潰。明明一直以來膀胱、腎臟功能正常，卻會在沒有喝太多水的情況下，下一秒突然就要跑廁所。明明也還沒瘦到我心目中理想的 48 公斤（就是對這個不超過 50 公斤的數字有莫名執念），但我已經臉色蠟黃、雙頰凹陷。

　　不過真正恐怖的副作用並不是在吃藥的時候，而是停藥以後。停藥之後大概兩個多月，我在沒有特別暴飲暴食的情況下，一個月內突然胖了 4.5 公斤，就跟當初第一個月瘦下來的數字一模一樣。後續更是一發不可收拾，體重用一種很可怕的速度在飆升，過去我就算在沒有特別忌口的情況下，一年體重回升到 65 公斤算是極限了，但在減肥藥停藥以後，不到一年，我就從 53 公斤，胖到 70 公斤以上。

　　雖然在這之後，我用健康的方式讓自己在半年內瘦下 10 公

斤，只稍微復胖了4公斤左右而已，以復胖來說，這算是正常的體重浮動，稍加控制就能減回來，但因為我內心的不安全感只要稍微復胖一點點就會再度爆發，我無法克制那個「胖的自己又會捲土重來」的恐懼，想著西藥不行就換中藥吧，總之就是要讓自己趕快瘦下來！又不怕死地挑戰了一次中醫減肥門診，但這一次真的讓我嚇壞又認清現實了，其實我只吃了兩週的藥，就得到一輩子的教訓：不管是中醫還是西醫，減肥藥就是一個絕對不該考慮的減肥方式。

　　本來我認為中醫的減肥藥應該會是比較溫和的，沒想到吃藥的日子裡，每一天我都拉肚子拉得超慘，簡直拉到要見上帝。因此我還跟醫生說：「其實我不是會便秘的體質，藥可以不要開得那麼重嗎？」結果第二週還是一樣，每天幾乎都坐在馬桶上。回診拿第三週藥的時候，我又請醫生調整了一次藥方。結果第三週的第一包藥才吃下去不久，我便全身無法克制地顫抖、發冷，還突然嘔吐，接下來七天高燒不止，吃了好幾天的抗生素才終於緩解。原來在兩週不停拉肚子的過程中，我的腸

胃已經無法負荷。在這一次可怕的經驗中，我瘦了 3 公斤，但我想其中應該有 2 公斤是在我高燒不止的那七天瘦的，而不是因為減肥藥多有用而瘦。更可怕的當然還是停藥以後，本來只是想把復胖的 4 公斤減掉，誰知道停藥後只是正常生活，就在半年內又胖了將近 10 公斤。但比起減肥藥，更糟糕的恐怕是我的心理狀態。我永遠有著跟小時候一樣胖，一個不小心就復胖到失去一切的恐懼。只要一天不擺脫這樣的恐懼，就一天無法脫離這減肥與復胖的輪迴。在常常私訊跟我聊天的粉絲中，有一位是患有厭食症與暴食症的年輕女孩，定期看心理醫師。

每一次她跟我分享一些減肥計畫跟生活瑣事，我都覺得好像看到過去的自己，她的做法、想法，甚至比過去的我更加激進。

她學生時期體重最重時曾到 65 公斤，但當她跟我說她對自己的肥胖感到很焦慮時，體重其實只有 49.9 公斤，體脂只有 18.9%，根本跟胖沾不上邊。

明明身邊的好友也一直告訴她根本不胖，她卻無法接受「自己根本不胖」這個事實，有時因為焦慮而厭食、有時又因為焦

慮而暴食，導致體重浮動很大，也因此情緒的浮動也非常大。她會說：「立志這週瘦五公斤。」「我剛剛看到體脂飆到 30，整個理智線斷掉。」「這會讓我很想做類似自殘的事，我會想切掉自己的肉。」之類的話語。

剛考上大學，大約 57 公斤。　　　　　　　　大二時期 65 公斤。

　　　　　　　　　　　　　　　　　微 胖 生 存 學

雖然程度上並不同，但我跟她都一樣，都對「感覺又要變回那個最胖最被討厭的自己」發自內心的焦慮與恐懼。

　　每次看到她的言辭，我都會想：「還有多少女孩因為社會對胖瘦、對美的價值觀，把自己逼到絕境呢？」

大三減肥時期。

大四 54 公斤。

雖然不瘦，
但並不是世界末日

在這二十年來各式各樣的減肥成功與復胖之中，我終於了解到，也許有些人就是可以一輩子體重從不超過45公斤，但對我來說，54公斤可能就是要拿命去換的人生極限。

每個人都有自己天生無法突破的壁壘，我們都知道人的身高跟基因有關係，有些人能夠長到190公分，有些人卻只能長到145公分；但換到體重上以後，卻往往無法輕易放過自己，總把自己逼到絕境。

同樣是人類，我們的身高天生就有幾十公分的差異，那為什麼會希望140公分到170公分的女性，都同樣未滿50公斤呢？

減肥路上嘗百草

這些年努力減肥最大的收穫，大概就是在這些錯誤中學習，漸漸變成一個減肥專家，所謂「三折肱而成良醫」，在減肥上道理也是一樣的！跟這輩子都沒有減肥需求的人比起來，我們這樣在減肥之路上跌跌撞撞的人，再怎麼樣，都有更多的實戰經驗。

在食慾的禁忌之門被打開以後，我再也回不去青少年時期那樣的病態節食狀態了，也因為這樣，我只能研究更多跟飲食有關的事情，嘗試更多不同的飲食法。

實際開始之後才真的發現，世界之大、無奇不有，人體的構造真的很奧妙啊！

所謂的生酮飲食、低醣飲食、168 等等，都是這幾年才出現的飲食觀念。過去說到飲食控制，絕對就是少量、少油、低熱量、水煮、只吃某

些青菜水果。

照這個理論去想，當然會覺得最喜歡吃的肉是禁忌，所以逼自己吃便利商店裡熱量最低的御飯糰、逼自己吃難以下嚥的無調味水煮青菜、逼自己吃一碗不到一百大卡的高麗菜麵線、逼自己吃食之無味的泡水燕麥片。

總之就是每天餓肚子，吃得像難民一樣，卻因為熱量攝取過低，造成代謝低下，吃得再少也瘦不下來，只要稍微吃多一點點又立刻胖回去。

在生酮及低醣飲食法開始在台灣流行前一兩年，我剛好從我那志不在減肥，卻對各種健康飲食有點瘋狂的婆婆那裡拿到一本由國外台裔營養師撰寫的書籍，裡面講述的理論，簡直顛覆以往我認識的所有飲食觀念。

以往在各種減肥理論中，幾乎都提倡要清淡、要水煮，在那本書中，卻希望每一餐進食的內容物中，有 30% 是油脂、30% 是蛋白質，剩下的 40% 分配給纖維質與碳水化合物。

進食的順序也要按照規則，第一口必須是富含油脂的肉類，

再來才是蔬菜，最後才是碳水化合物。

當然在這樣的飲食內容中是有但書的（這個理論叫做「根治飲食法」，有興趣的人可以自行研究看看），在這些營養素中，必須完全攝取原形食物，油脂也必須攝取不易變質的飽和脂肪，不過也有些人的論點是不該攝取飽和脂肪，所以這個⋯⋯大家自己多多獲取相關知識再去判斷囉！

於是我人生第一次在某一種減肥法中，被允許吃五花肉、吃牛排、吃油滋滋的煎蛋，出門吃飯肉類點越油的越好，自己下廚煮湯的料還會先用油炒過，每餐都吃得又油又香好不快樂。

搭配上一週三到五次的居家運動（大多是強度普通的徒手訓練＋強力瑜伽），竟然在吃得如此快樂的情況下，半年內成功減下了十多公斤，瘦到 58 公斤的我，成功在去拉斯維加斯工作的時候，順便在沙漠裡面用腳架自拍了厲害的婚紗照；在這次嘗試之後，我變得對「研究怎麼樣可以吃得快樂又不胖」非常感興趣。

在沙漠拍的婚紗照。

　　去年也曾經嘗試一種叫做 FMD 的飲食法（Fast Metabolism Diet，中文譯為新陳代謝飲食法，有興趣也可自行查詢）。一天除了三餐以外還要再吃兩餐點心，每次進食之間相隔不能超過 3 小時，對於食材也有各種不同的要求，不能吃黃豆製品、

乳製品，執行的週間第一、二天要大量吃醣類、水果，但不能吃任何油脂。第三、四天不能吃任何醣類，要吃大量無油蛋白質跟青菜。第五、六、七天要吃大量油脂、青菜，少量醣類。而各種階段能吃什麼食材、不能吃什麼食材，也有嚴格規定，第一次執行一定要完整執行 28 天，若有破戒，就要從頭再來。

　　但因為無法吃黃豆製品等於一般醬油也不能用，豆腐、豆漿更不用說，所以那 28 天的三餐連同點心，我全都只能自己煮。再加上食材有諸多限制跟規定，這四週大概是我人生中跑最多有機店跟雜糧店的四週了。

　　每一個人覺得崩潰的階段都不太一樣，像我因為在此之前已經嘗試過根治飲食法以及減醣，所以第三、四天完全無法攝取醣類的日子我並沒有任何障礙，反而是要攝取大量醣類的第一、二天會覺得痛苦，因為我平常根本不吃糙米這類的雜糧跟水果，一整天下來，我一個人要吃掉一整鍋飯以及一整顆鳳梨的量，簡直就是酷刑！

　　但有些人如果平時習慣吃大量澱粉、甜食、醣類，大概就會

覺得不能攝取任何醣類的第三、四天是地獄。觀察下來，攝取大量油脂、青菜以及少量澱粉的第五、六、七天，是大部分人都覺得可以接受且愉快的階段。

而且因為每次進食相隔不能超過三小時，還得設定「進食鬧鐘」提醒自己，我本來吃飯就吃得很慢，在執行這個計畫的時候，簡直覺得自己醒著的時候都在吃東西。

餓肚子減肥時，原以為吃個不停是件很夢幻的事，但實際上真的必須吃個不停後，才發現原來也很辛苦啊！

FMD 飲食法強調不需計算熱量，而是依照想要減下的體重去計算需要攝取的食物級距，但其實我認為這就是一種熱量控制及計算，只是話術不同而已。

理論上來說，希望減下越多體重的人，原始體重應該會越高，原始體重越高的人，相對來說基礎代謝率也會越高。因此，此飲食法中所計算出來的食物攝取量級距，事實上就是用另一個方式去推測此人的體重與基礎代謝率，藉此讓執行飲食法的人一定會吃到基礎代謝率，但熱量攝取又不至於過多。

這 28 天除了精密計算加上煮到快崩潰之外，還得搭配指定的運動類型（第一、二天要挑一天做有氧，第三、四天要挑一天做重訓，第五、六、七天要挑一天做瑜珈或伸展或按摩），在每天大量進食的情況下，我大約減下了 4.5 公斤，效果簡直跟減肥藥一樣顯著（？）只是每天三餐加點心都要自己煮，基礎的乳製品、黃豆製品不能吃，還要四處奔波購買各種食材真的太崩潰，要我再執行一次，恐怕是沒有辦法，但那 28 天廚藝進步不少倒是真的。

　　跟大家說這些只是要表達，想要飲食控制，不是只有「低熱量」、「水煮」、「少油」、「燙青菜」。

　　世界很大，想要飲食控制之前，不如多上網做做功課，看看有什麼樣的可能性，再去評估這些是否適合自己？是否吃得太少？是否過度激烈？再從中找到適合自己的飲食控制方式，也許你會吃得更快樂、更輕鬆。

抓出熱量與營養成分陷阱，避免踩雷

除了各種飲食法以外，我也會去研究各種食物有什麼熱量陷阱、營養成分陷阱，不再像以前一樣，只敢小心翼翼吃一堆低熱量的東西，反而養成代謝差、血糖不穩定、吸收又超好的無敵易胖泡芙體質。

舉例來說，許多人因為怕攝取太多油脂，所以在購買鮮乳的時候，會選擇低脂鮮乳而不是全脂鮮乳，但其實有一些低脂鮮乳（並不是全部）可能在去除部分油脂後，為了保留鮮乳比較厚實濃郁的口感，反而會添加一些澱粉甚至是增稠劑，雖然脂肪含量變少了，卻有可能因此攝取更多醣類或添加物。

又或者是零卡的飲料、果凍、點心之類，像是零卡可樂這樣明明很甜卻零卡、無糖的食品，基本上都是加了阿斯巴甜這類人工甜味劑，少量食用當然無傷大雅，但我卻看過許多人會因為此類飲料「無糖」、「零卡」就毫無顧忌當水喝，掉入危險的熱量陷阱之中。

在二〇一五年的科學期刊[1]就有研究指出，人工甜味劑不僅

會影響人體控制血糖的能力，嚴重的話甚至會導致代謝症候群。我在大學時期減肥因為只在意熱量，所以零卡可樂剛推出的時候也相當依賴，畢竟能夠品嘗到接近可樂的飲料，又不用攝取任何熱量，這是多麼美好的一件事啊！只是覺得納悶，為什麼喝零卡可樂的那一餐甚至那一天，總覺得怎麼吃也吃不飽，一直沒有吃飽後的滿足感，一直覺得嘴饞、想要繼續找東西吃。

多年後再看到相關研究，才知道原來因為血糖控制的能力被影響了，雖然吃了很多東西，血糖卻沒有按照正常情況上升，才會有怎麼吃都沒吃飽的錯覺。

希臘優格也藏著許多陷阱及誤會，市面上買到的希臘優格，大部分是「希臘式」優格，包含好市多的「希臘優格」也一樣，名稱寫希臘優格，但實際上只是希臘式優格。

希臘優格本身是很健康的食物，製造時將一般優格中的乳清過濾掉，在此過程中多餘的乳糖也會被過濾，最後會變得像起司、冰淇淋的綿密口感。希臘式優格則是在優格中增加了增稠

劑、鮮奶油等等成分，仿造乳清過濾掉後的濃稠口感，實際上卻增加了許多添加物，熱量增加之外，本該被過濾掉的乳糖也都還存在。

如果自己不會做優格，其實買市售的一般無糖優格，利用咖啡濾紙或豆漿袋過濾掉乳清，就能做出希臘優格，根本不需要購買市售產品。

但對健康飲食一知半解的人們就很容易混淆，也許原本是想吃得健康，卻讓自己攝取更多添加物跟熱量。

錯誤的飲食觀念也不僅僅只存在於渴望體重下降的少女身上，我曾遇過一個健身教練，他叫我盡量不要吃牛肉，因為牛肉油脂比較多，比起牛肉，不如多吃雞肉甚至豬肉。

但其實不挑部位，只看這些肉類的油脂比例的話，雞肉跟豬肉的油脂量都不亞於牛肉，所以並不能夠這樣概括論定。雞胸肉雖然油脂低、蛋白質量高，但雞翅、雞腿其實油量超高，豬肉更是一個明顯的例子，如果你去菜市場買豬絞肉，攤販一定會問你：「請問你要肥一點還是瘦一點的？」

牛肉也一樣有偏瘦的部位跟油脂分布極高的部位，但無論我怎麼說，那位健身教練都認為在飲食控制期間就是不該多吃牛肉，彷彿是鐵口直斷的命理老師，認為我命中不該吃牛。

　　了解吃食是很重要的，但如果只了解片面資訊就當作聖旨遵照，只會更加危險！

　　就像這位健身教練認為牛肉就是油脂量高，應該少吃牛，我也曾經因為雞肉在各種肉類中是整體熱量最低的，大部分時候都選擇吃雞肉（不包含魚蝦貝類），盡量減少吃最愛的牛肉。

　　可我卻忘了，我原本就有貧血的狀況，在牛肉減量一個多月後，我突然發現自己貧血的情況加劇，隨時都在頭暈目眩。在仔細思考自己生活及飲食習慣的改變以後，我推測很可能就是因為牛肉食用量變少造成的，於是改成幾天吃一次牛肉，貧血的狀況因此改善許多。除此之外，我也曾經因為覺得豬肉在肉類中是平均熱量最高的，所以盡量減少吃豬肉，但後來發現豬肉裡面富含維生素 B1，可以幫助醣類代謝，還可以消除疲勞與壓力，是減醣、飲食控制期的好夥伴。

許多人也會因為分不清楚根莖類蔬菜與葉菜類的營養成分，大吃一堆根莖類蔬菜，以為降低了熱量攝取，反而吃下多餘的碳水化合物，讓體重直線上升。

關於蔬菜，也有一些飲食發現讓人無比雀躍，高中時我因為地理老師一句：「在美國養豬都是餵食玉米，因為玉米會讓豬隻長得更快、更大！」嚇得我大概十年不敢吃玉米，本來超愛的玉米粒、玉米湯、奶油玉米都再也不吃了，只敢試探性地吃點玉米筍解解饞。

結果近幾年得知，雖然玉米是澱粉，玉米筍卻算是蔬菜。黃玉米 100 公克熱量是 113 大卡，糯玉米是 172 大卡，但 100 公克玉米筍卻只有 37 大卡左右，而且碳水含量超低。所以現在我煮玉米湯的時候，會把玉米粒換成切段的玉米筍，吃起來一樣有滿足感，湯也一樣鮮甜，熱量及碳水含量卻降低許多。

另外一個令人雀躍的蔬菜是小黃瓜，100 克中有 96 克是水分，算起來才 16 大卡，你吃它時消耗的熱量比它本身的熱量還高，所以又被稱為「負熱量」食物，這是一個多棒的詞彙啊！

人類本來就是雜食性的動物，各種營養素對我們來說都有存在的必要性，只是每個人適合的比例可能不太一樣而已。

　　在研究飲食的過程中，我不僅更了解各種食物，也更了解自己的身體，甚至變得越來越會做菜，甚至還一度考慮不如考個營養師吧！後來發現在台灣要考取營養師執照必須具備醫學背景，美術系畢業的我只好果斷放棄，閒暇時多看點書與研究報告當作興趣囉！

　　單純的節食、低熱量飲食或低油少肉飲食並不是不會瘦，只是會瘦得很痛苦，而且瘦得不健康。與其讓自己如此痛苦，不如研究正確飲食觀念、了解食物的營養素，讓自己吃得健康、活得快樂，可以吃得快樂又變瘦，收穫不是更大嗎？

|　科學界權威期刊《自然》（Nature）二〇一五年發表的研究報告中指出：人工甜味劑會影響人體控制血糖的能力，甚至進一步促使代謝症候群的發生。

2

―――

53公斤當不成 Model，
70公斤卻讓網拍商品賣到斷貨

耗盡所有生存意志
還是不符合社會標準

在經歷了這些辛酸後，我是怎麼學會放過自己的呢？

看了前面的故事之後，相信大家都會知道我曾經對自己的體重相當苛求到近乎瘋狂的程度，但第一次真正了解到自己「瘦的極限」，其實來自於一次求職經驗。

大三的時候我已開始經營社群媒體，有人因此找我去試鏡網拍 Model，對於一個還不知道未來要做什麼的平凡大學生來說，當然是個不錯的機會，到現在我依然很感謝當初找我去試鏡的人，不管怎樣都是個很珍貴的經驗。

試鏡時期的我，就是前面說過跑步跑到想死，好不容易瘦到 54 公斤，體脂肪

19.5% 的時候，如果把體脂肪狀態算進去的話，當時絕對是我人生中最瘦的狀態了。就算跟一般人相比，視覺上應該也算瘦，但在試鏡的時候，攝影師卻直接對我說：「妳這樣要再減肥喔，拍起來有點壯！」

當時的我已經雙頰凹陷、鎖骨深到可以裝水、上胸肋骨的痕跡肉眼就可以看到。但這個攝影師對我的評語甚至不是「有點肉」，而是直接說「壯」，彷彿我是個體重破百、一身橫肉的壯漢。當下我其實沒有因為這句話覺得難過或受到打擊，因為我原本就知道網拍 Model 的工作的確得更瘦更纖細，於是天天看著《ViVi》雜誌上的 Model 給自己期許，逼迫自己每天努力跑操場跑到想死，攝影師說的話讓我知道要吃這行飯，就得更努力減肥，讓自己更瘦。我想，如果能減到 48 公斤以下，那應該就差不多了吧？

在我試鏡的時候，旁邊有一位專業網拍 Model 剛拍攝完收工，攝影師隨口問了她：「妳覺得她這樣要幾公斤才會剛好？」

那位網拍 Model 瞄了我一眼，連正眼打量我都沒有，就說：

應徵網拍時期的 53 公斤，已經是用盡所有生存意志才能達到的目標，沒想到還是不符合社會期待。

「大概 43 公斤吧！」

我看著身高大約 160 公分的她，突然覺得一陣暈眩，原來這世界對女性的體重是這麼嚴苛的嗎？

身高 160 公分的她應該要 43 公斤，身高 156 公分的一般少女應該要 43 公斤，而身高 168 公分的我也應該要 43 公斤。不管幾公分，只要我不是 43 公斤就是過胖，就不應該對這份工作抱有幻想！我已經用盡我所有的生存意志才終於瘦到 53 公斤，竟然還得再瘦 10 公斤，才能符合世人心中「美」的標準嗎？突然我覺得全身的力氣都被抽光了，離開那個攝影棚，我再也沒有想過當網拍 Model 的事了。

放過自己，接受自己「不是瘦子」

出社會以後幾年，我已經胖了又瘦、瘦了又胖不知道幾次，也曾經吃減肥藥讓自己再掉回 53 公斤，明明只是個部落客不是 Model，應該不需要當個「標準」身材的女子，卻走到哪都很容易因為身材被人酸言酸語。

記得剛做這份工作不久，應邀參加某個運動品牌的路跑，路跑活動都要非常早到現場集合，我們當時就是凌晨四點到凱道前準備。因為時間很早，主辦單位幫大家準備了早餐，當時我只是坐在位置上，和所有人一樣平凡地吃著早餐而已（凌晨四點，只睡一個小時就因為工作要去路跑，吃個早餐臭了嗎？）某個前偶像團體的男藝人走進來看了我一眼，說：「蛤，妳都這樣了還吃喔？」

　　當下我真的覺得超級火大，什麼叫做「我這樣子了還吃？」

　　所有人都要跑六公里，他自己有吃早餐、旁邊的人有吃早餐，憑什麼我不能吃早餐？難道只因為我比一般人稍微肉一點，就活該不准吃東西，跑步應該跑到血糖過低貧血暈倒嗎？

　　這種沒常識又無知的言論，我真的無法忍受。

　　順帶一提，我身高 168 公分，當時大概 60 公斤，確實是比大部分女明星、model 胖或肉，但又怎麼了？是人都需要吃飯，講這些話的人難道不知道嗎？

　　我的身材比例跟一般台灣女孩不太一樣，臉很小、頭很小、

肩膀也不寬。可是我的四肢在比例上非常粗，上手臂是臉的一半寬，大腿則比整個臉還寬，小腿也是粗壯到不行，在我不算非常大的骨架之外包覆著滿滿的肉，所以總是會被誤會我骨架超大，但每次買西裝外套都得買 S 號肩膀才合身，手臂卻緊繃到爆炸，我也覺得非常困擾（只要買 M 號肩膀就一定太寬，手臂卻還是很緊，你看有多令人悲傷）。

在剛出社會還很在意他人眼光努力減肥的那時候，某天因為天氣很熱，去教畫的時候穿了比較短的短褲，一坐下來，坐在身旁，來學畫的年輕媽媽對我說：「唉唷，妳最近變胖囉？妳大腿怎麼那麼粗？！」

當時我很平心靜氣地回答她：「沒有啊，我大腿本來就很粗，只是之前都穿裙子遮起來而已。」

之所以可以如此平心靜氣，是因為在我 53~58 公斤這些人生中偏瘦的時候，也還是幾乎每週都會聽到一兩次這樣的評論。不外乎就是：「妳的腿怎麼那麼粗？」

或是：「妳應該怎樣怎樣，就可以瘦腿！」甚至是：「妳有

沒有考慮做什麼什麼手術，讓腿變細？」而這些人所提供的任何方法，只要是我自己能做的，我都試過了，也許在每天跑步5公里後，再花兩小時按摩整條腿，是真的會變細一點點點點

點，但比例上它還是比我的臉寬上許多。至於手術、醫美，我目前還沒有那麼寬闊的心可以接受這樣的方式。很多人無法理解這就是「天生的」，所以即使已經用盡力氣讓自己瘦到人生極限，旁人還是有諸多不滿。

　　人們認為妳應該

是個天生的芭比娃娃，要有巴掌小臉、單薄的肩膀、纖細的手臂、修長的雙腿、彷彿一折就斷的腰，最好還有豐胸以及蜜桃臀。這些人或許忘了，自己也不是生來就擁有芭比娃娃的完美身材及面孔。生而為人，也許腿粗、肚子凸、肩膀寬、臉大，但正因為這樣，我們才如此不同。

2013 年，吃減肥藥最瘦時期，53 公斤。

漸漸地我接受了這件事，不再認為自己一定要瘦到 48 公斤，歷經幾次用命去換的最低體重以及各種復胖以後，我發現雖然我不是 48 公斤、不是 55 公斤、不是 64 公斤，宇宙依然存在、世界末日也沒有來臨、地球仍在轉動，而我也還是好好的，看起來也沒有因此變醜，68 公斤、74 公斤的我仍舊人見人愛。既然如此，以前的我為什麼要因為「想瘦到 48 公斤」而幾乎要了自己的命呢？

　　在我接受自己「非瘦子」的身分以後，遇到的批評、酸言酸語反而變少了，只要我把腿或手臂遮起來，肩膀穿得合身、露出腰，反而會有人問：「妳是不是變瘦了？」或是：「妳不胖啊？哪裡胖了？」

　　53 公斤的我整天聽到別人說我這裡胖、那裡壯、這裡還需要減肥、那裡可能要做手術，71 公斤的我卻常常聽到別人說我哪裡胖了？是不是變瘦了？不要再減肥了！

　　不知道是我的問題，還是社會比我想的病得更重。

　　在接受自己「非瘦子」身分幾年後，安逸微胖生活的某一天，

同樣是 2013 年，減肥藥停藥後，開始微復胖。

微胖生存學

我收到 AIR SPACE 旗下中大尺碼品牌線 AIR SPACE PLUS 的形象拍攝邀約，該次拍攝找了幾個肉肉的女生一起拍攝不同款式的衣服，本來只是單次的形象拍攝而已，沒想到我拍的好幾件產品因此賣到大斷貨，後來就變成長期合作的關係，目前已經合作了三年多，市場反應都還不錯。

也陸續有其他品牌來詢問 Model 工作的報價跟意願，只是我因為其他工作太忙真的沒有時間，全數推掉。

二十一歲的我沒有想到，53 公斤時去試鏡會被人說太壯、要再減肥，而二十九歲，71 公斤的我卻讓網拍品牌賣到斷貨。現在三十二歲了，其他品牌還是趨之若鶩，願意掏錢聘請我擔任 Model。

上：2014 年，結婚時 58 公斤，但手臂還是很粗。

下：2014 年，開始接受微胖身分，61 公斤。

3

身體也會出狀況

過度放縱自己，

在當上中大尺碼的 Model，又時常讓衣服賣到斷貨之後，我的內心完全解放了。

明明知道各種飲食法、食物營養成分，但還是把忌口、熱量控管都拋之腦後，雖然會有點微妙的罪惡感，但壓力大的時候還是想吃什麼就吃什麼。炸雞、披薩、蔥油餅、麻辣火鍋，有時候甚至一週去好幾次吃到飽餐廳。

我還是完全不喝任何飲料（不管有糖無糖、咖啡還是茶，都不喝），只喝水而已。頂多一個月一兩次嘴饞會買個手搖飲，理智能控制的時候還是會重視進食順序，稍微控制醣量。

但漸漸地，我的脖子變短了、脖紋變多了，衣服有越來越多件連拉都拉不上來，我才突然覺得不太對。因為我的臉真的很

不容易胖，所以每次都是至少默默胖了 7 公斤以上，才會驚覺自己變胖。也因為這樣，在短短的半年內，等我發現時已經胖了快 10 公斤。

體重上升事小（過去的我絕對不會相信自己有一天會說出這種話），但體重上升得這麼快，又吃什麼就胖什麼，每天還都疲憊到不可思議的地步，剛睡醒就累、隨時都累、隨時都可以繼續睡、完全提不起任何幹勁，想起曾經看過的各種研究報告跟文獻，我懷疑自己是不是有代謝症候群或甲狀腺低下的狀況。

於是，我到大醫院掛了減肥門診，想找出根本問題，我才不相信自己是因為毫無顧忌大吃大喝才變胖的，明明我還是有在控制啊！

結果跑了三趟醫院，抽血、照 X 光、做心電圖，最後得到的結果是……地中海型貧血（本來就知道了）、心臟瓣膜閉鎖不全（這倒是新消息），關於代謝症候群、甲狀腺低下什麼的相關描述，一句都沒有聽到。

我期望醫生能給我的是，跟我的身體狀況息息相關、對症下藥的解決方式，但醫生只跟我狂推他們的減重團體班，跟我講基礎代謝率以及那些我早就知道的事情。

　　我不想每週跑到一個交通不方便的地方好幾次，還得跟其他不認識的人一起上課。不想花時間聽一些我早就已經知道的知

2013 年，體重雖然只有 58 公斤，但肚子很鬆。

微 胖 生 存 學

識，也不想再靠任何藥物去控制自己的體重，與其這樣，不如先放著，想辦法靠自己的力量去處理吧！

　　但工作忙碌再加上真的不夠自律，後來我胖到快要 80 公斤，體脂肪上升到將近 40%。由於體脂肪過高的關係，本來就是過敏體質的我，身體變得更容易有發炎反應，臉部皮膚敏感狀

2015 年，未運動，瞬間復胖到 68~70 公斤時期。

況難以控制、動不動就長濕疹，身體各處都有狀況不明的皮膚炎、被蚊蟲叮咬的傷口也很難恢復，也常常突然全身起蕁麻疹，可以明顯感覺到自己「身體的狀況不好」。

　　人的身體都是有極限的，病態減肥會讓代謝低下、情緒緊張焦慮，過度放縱也會讓自己倦怠疲勞、身體機能崩潰。

　　倒不是說胖就是錯、瘦才是對，而是我們應該維持身體機能正常運作，讓自己健康也讓自己情緒穩定。

4

開始重訓，不瘦也能擁有健康體態

在運動健身上歷經挫折

從小到大，因為我一副看起來凡事都很輕鬆的態度，再加上大部分時候爆表的自信心，很多人都認為我是個人生無比順遂的人，但我自己倒是覺得處處是考驗，跟其他所有人的人生一樣，只是我們的考驗可能不盡相同。

大約六、七年前，再也無法提起勇氣（也沒有時間）天天跑 5 公里的我，看著身邊許多朋友都變得越來越健美，也曾經想過加入健身房、練出健美體態，不過當時遇到接近詐騙的推銷手法，莫名其妙花了好幾萬，老公 71 聽說了以後，一氣之下要我直接去退費，所以當時好不容易鼓氣勇氣報名，卻根本還沒有上到一堂課，就退費回家去了。

2020 年，有運動習慣的 70 公斤。

中間執行根治飲食法的時候，也曾經試過徒手的肌力訓練，因為不擅長運動，所以自己做無負重徒手訓練時遇到兩個很大的問題：一是有些動作負荷較重或是姿勢不對，在沒有人指導或協助調整的情況下，很容易造成運動傷害；二是自己能做的徒手訓練，進步到一定程度後就開始無感，但又不知道怎麼正確地增加強度。後來又隔了幾年，71決定陪我去報名運動中心的教練課，不過那時候遇到的教練屬於那種「自己非常會運動」，但指導起來無法因材施教、無法替學生狀況設想的人。

　　我是個非常不擅長運動的人，當時一去上課就使用器材做了許多高強度的訓練，身體都還不知道怎樣做姿勢才是正確的，就承擔了無法負荷的重量，導致每一堂課身體的負擔都非常大，組間休息也都很久。

　　遇到身體無法依靠本能去做、稍微比較困難的動作，教練也無法用正確的方式說明跟指導，因為對她來說，這應該是個能輕鬆做到的動作，對我來說卻不是，只能換個器材硬著頭皮叫我做下去。下課回家後，我往往累到倒頭就能睡上好幾個小

時，後來買的 10 堂課都沒上完就不去了。

就這樣，不擅長運動，再加上討厭人群、討厭麻煩，「強迫自己擁有健美的體魄」這件事情，又被我擱置了好幾年。直到胖到快 80 公斤、體脂 40%，身邊的朋友真的看不下去，才問我要不要跟她一起去健身房運動。

終於找到適合自己的健身模式

朋友拉我去的健身房是女性專屬健身房，教練也全都是女生，採一對一（或一對二）方式教學，而且完全是包廂式的運動空間，不會被其他人打擾。對於我這種討厭人群、討厭跟人接觸的傢伙來說，這樣的安排再完美不過了。

在開始上課前，教練們會先評估每個人的體能狀況，做完整的關節活動度測試跟動作評估，這測試主要是了解每個人對於動作的流暢度、指令接受度……等狀況。透過評估結果調整、安排訓練課程，每個人的測試結果都會不太一樣，在訓練的內容安排上也會有所不同。

像我這麼不擅長運動的人，當然不可能第一次健身就上手，記得去評估的那一天，因為太久沒運動，再加上上課前一天睡太少，在無負重的情況下，才做到第三個動作（都才各一組十下而已）就已經頭昏眼花做不下去，教練也緊急調整課程，讓我稍作休息後多做一些伸展，不會過度勉強我去做一些做不到的事情。對我來說最棒的一點，在於她們真的考慮到每個人的狀況來安排課程，我的體力比較差，再加上心臟有問題，心肺較弱，所以每堂課都是循序漸進的，一開始都是動作調整，調整成正確的姿勢後再加強，這對於不擅長運動的人來說滿重要的。

　　幾年前我在家裡做一些徒手肌力訓練的時候，其中一個一直不敢做的就是深蹲，因為我只要一做深蹲下背就會痛，也不知道問題出在哪，上課時我也特別跟教練提到這件事，她們就利用各種道具協助我了解應該要從哪裡使力、怎樣姿勢才正確，確保我使用的肌群、使力的位置是正確的。

　　確認大部分動作姿勢都能做對、做正確，體力也能負荷以

上：重新開始重訓第一堂課。

下：重訓兩個月後。

微 胖 生 存 學

後，才開始漸漸增加重量，但因為增加的重量是「有感覺但是做得到」的重量，所以開始有成就感，雖然會累，卻覺得「我做到了」、「我有在進步」。

所以我想在健身、重量訓練這件事情上面，「欲速則不達」應該是要謹記的金句。

以前在運動中心上教練課的時候，雖然也是一對一的課程，但卻因為還不知道怎麼做到動作，就被加上無法負荷的重量，所以無法持之以恆也很挫折，每一次上課恐懼都大於期待。在這個健身房上課大概 4~5 次之後，能夠做的重訓種類也漸漸增加，從一開始的徒手運動到舉啞鈴負重，或者搭配 TRX 做出變化，連覺得無聊的時間也沒有。

某次上課，心肺的比重加得比較多，我又突然有點不舒服，教練也立刻調整課程內容，但幾次上課下來，她們也發現我雖然心肺不行，卻超能夠負重，儼然是隻天生的駄獸！天生長得大隻，也是有好處的！因此後續的課程基本上就調整為「重量重」、「次數少」、「組數增加」的模式，真的是為我量身訂

2021 年，有運動習慣的 68 公斤。

做的課程。

第一次負重比較重的時候有點嚇到，但後來發現自己真的能做到，那個感覺真的很爽！運動時感到開心、覺得有成就感，好像還是人生中第一次。

一直以來只要運動我都會覺得心情低落、焦躁，完全無法理解人家說運動時會分泌多巴胺是什麼鬼東西（白眼），但這些重訓課程卻讓我覺得滿開心的，也開始期待上課。雖然循序漸進，但我從徒手深蹲都會下背痛的狀況，到雙手舉著 20 公斤負重深蹲 12 下 3 組，其實也只花了兩個月的時間。

循序漸進，欲速則不達

結束前兩個月的基礎訓練後，因為心肺比較差力氣又大，大部分做的是重量重但次數少的訓練，但在卡關之後，每週兩次的訓練中，有段時間教練就把其中一堂課改成比較吃心肺、但重量比較輕的重量訓練，真的是我的媽媽呀，每次都虐到見上帝！一個循環大約 6 個動作，每個動作在 40 秒內要盡可能

加快速度做，動作跟動作之間沒有休息，要做完一整個循環才能夠休息。在此呼籲，體能不好的人在沒有專業人士的指導之下，請勿輕易嘗試這種組合。

必須說剛開始做的時候我真的常常做到懷疑人生，第一個循環大概第三或第四個動作就喘到不行，每次想到要上心肺吃重的課程就超超超超超超超超害怕，相信大家從文字中也能感覺到我的恐懼。

但就算是這麼激烈的訓練，其實也是循序漸進的。一開始可能是一個循環 5 個動作，每個動作 30 秒，再加到每個循環 6 個動作，然後每一次上課都稍微增加動作的秒數。

結果就這樣，從一開始第一個循環做一半就會喘到快死掉，進步到後來可以做到第三個循環最後兩個動作才喘到快死掉（對，最後都還是會喘到快死掉，沒辦法我就是心肺很弱啊！）而且每個動作要做 50~60 秒，執行的次數也都有增加。心肺訓練進行一陣子後，又改變了訓練方式，我只能說教練真的是花樣很多。

善用器材，增加變化

很多時候去健身房都只能做一些固定的器材，但我的教練彷彿女超人，常常利用一些小道具做出各種變化，一小條彈力帶、兩小個滑盤也能讓我練到叫媽媽！我個人是很喜歡利用這些小道具訓練的課程，因為有些在家裡也一樣可以練，甚至出去旅行也可以練。練到後面越來越熟練，有時候還會跟教練要求加重，結果每次講完都後悔，保證被虐爆！

雖然中間瘦 6~7 公斤的時候卡關卡超久，但可能因為有重訓的關係，當時很多人看到我，都以為我是瘦了 10 幾公斤。當然三分練、七分吃，重訓可以讓我們強健體魄、增加肌肉量，但如果真的要減脂、減少體重的話，飲食方面還是要有所調整。在重訓初期的一年間，我的體重總共降了 9.7 公斤，體脂肪則是降了 7.1%。

在肌肉量不降反增的情況下，體脂肪從 30.8 公斤降到 23.0 公斤，也就是健身一年左右，在我減掉的 9.7 公斤裡面，就有 7.8 公斤是脂肪啊！我也比對了過去沒運動時 68 公斤的照片跟

上：健身前 68 公斤。

下：健身後 68 公斤。

微 胖 生 存 學

重訓一年後 68 公斤的照片。雖然體重一樣，但不管肚子、手臂還是大腿，視覺上都有很大的不同。

　　明明是一樣的體重，看起來卻像相差 10 公斤。過去大部分運動我都是單純為了減肥，一旦達成目標就不再做了，或是對這個運動的耐心、新鮮感到了極限，就會停下來再也不做，最短的為期只有三週，最長的頂多半年。現在我已經持續重訓兩年多，有時候上教練課、有時候自主訓練，盡量讓自己維持每週 2~3 次，每次大約一小時的重量訓練。

　　前陣子心血來潮，想增加一些心肺訓練，所以去運動中心跑了跑步機。上一次跑步是四年前的事，以當時的經驗，以為大概跑個 15 分鐘就會覺得精神與肉體一起崩潰！沒想到竟然跑了 30 分鐘還覺得不算太累，最後跑了 45 分鐘，一口氣跑了五公里，雖然疲憊卻覺得神清氣爽，隔兩天還可以再跑沒有問題。代表除了肌肉量與體能上升，在這兩年的訓練中，我的心肺能力也跟著提升了，這是我在開始重訓以前，從未料想過的事。

5

我不瘦，但我美翻天了

瘦不是美的唯一準則

在重訓了兩年以後，我雖然能量滿滿、持續進步中，也沒有因此變成一個體脂極低的健美小姐，我的體重還是在 70 公斤上下，體脂肪目前也還是有個 32%~34% 左右。

每次分享自己運動日常的時候，總會有人問我：「妳接下來還想再瘦嗎？」或是：「目標是瘦到幾公斤呢？」或者，當他們得知我維持著一週兩到三次的重量訓練，體重卻沒有下降的時候，總會問：「為什麼運動那麼多，體重卻不會降呢？」當我回答：「沒有要再瘦。」「如果沒有搭配激烈的飲食控制，重訓本來就不會降體重。」大部分人都無法理解，既然不減肥，為什麼要那麼認真運動呢？我真的很想讓世人了解，不是一定要瘦才是美。

高中時 168 公分 56 公斤的我並不算胖，可是

身邊的人的反應，都讓我覺得超過 50 公斤是個罪過。大學時我最常掛在嘴邊的就是等我瘦到 48 公斤要怎樣怎樣，總覺得我要纖細到那個程度，才有資格去做一些誇張的打扮，做一些原本不敢做的事情。但事實是，當我很努力減到很瘦的時候，當下的我其實還是覺得自己很胖。

53 公斤，體脂肪 19.5% 的時候，也許穿衣服比較好看，也許穿得下許多以前穿不下的衣服，但我一點都不覺得自己比較美，一點都不覺得比較快樂。節食、吃減肥藥的時候，雖然體重能夠維持住，但對於吃東西會變得非常神經質，幾乎天天都為了吃東西的事情跟 71 發脾氣，整個人也非常焦慮，只要有一點點食物不在飲食計畫內、吃飯的時間稍微延誤了一些，就會情緒崩潰。幾年前去海島做拍攝工作，當時我 68 公斤又沒有運動習慣，被網友匿名攻擊說：「XX 旅行社怎麼會找她啊？那麼胖還穿泳裝，感覺一直看到一團肉在風景前面晃來晃去，覺得風景都不美了～」

當我好不容易塞得下 M 號的褲子，還是有人可以說：「妳

臉怎麼凹成這樣？」「看起來氣色好差。」即使是用健康的方法瘦下來，還是有人會說：「妳看起來好不健康。」「有正常在吃飯嗎？」

事實就是，不管妳好或不好、美或不美，有些人就只是想要找個理由攻擊妳而已。

不管妳是什麼樣的身材都應該要可以穿泳裝，無論是胖是瘦有胸部沒胸部，只要妳自己覺得舒適、沒有妨礙到別人，妳就能穿，不需要別人來決定妳能不能穿！

本來就沒有人是完美的，而這些人口中的「提醒」，大部分也不是出自於關心。

九年前的我一定不會知道，就算我胖到 70 公斤，也不會因此變得比較醜；二十五年前還是孩子的我也不會知道，就算瘦到 53 公斤，看起來已經比大部分的人瘦了，我也不會比較快樂。我曾經在一支聊微胖相關心路歷程的影片中，聊到我是怎麼樣的易胖體質、試過多少方法等等，結果底下有一位網友留言說：「我如果超過 50 公斤我會想死。」也許她是沒有惡意的，

但當她說出這種話的時候，要其他 50 公斤以上的人情何以堪呢？這世界上很多人即使減肥減到有生命危險，體重也不可能降到 50 公斤以下，難道體重無法降到 50 公斤以下的女性都該死嗎？

又有一天，我看到相當有影響力的女性時尚網路媒體張貼了一篇文章，標題斗大的字寫著「M 號以上就是胖子」，我不禁氣到在底下留言痛罵，現在都已經什麼時代了，怎麼會有女性時尚平台帶頭對著天下的女性 Body Shaming（身體羞辱），用標籤化的 M 號去匡列，只要「非 S 號」就是個胖子！

每一個品牌的 S 號、M 號、L 號的尺碼都不一定完全相同了，他們又怎麼能說出「M 號以上就是胖子」這樣的言論呢？

我自己是個上半身能穿 S 號甚至 XS 號，但下半身永遠要穿 L~2XL 的奇異體型（事實上也不是奇異體型，只是跟一般標示的基準不一樣而已）。按照這家媒體的論調，難道我上半身是個瘦子，下半身卻是遠遠超越標準的可恥胖子嗎？

也許有人會覺得我反應過度，但抱歉，我這一輩子已經聽過

太多這種「沒有惡意的惡意」、「沒有惡意的扭曲觀念」，所以我無法坐視不管。

接受自己的不完美

每個人都會有在世俗標準之下，感到自我厭惡的地方。有些人會氣自己為什麼天生臉大、有人會想為什麼自己就是鼻子塌、有些人會難過為什麼肩膀這麼厚。妳要我說我現在對自己的粗腿完全看開，對纖細均勻的美腿不會羨慕嗎？

說不羨慕絕對是騙人的！

大學時期的我，總是看著《ViVi》雜誌裡藤井 Lena、水原希子的腿發愣，想著自己要是有一天有那樣的腿該多好？我曾經以為只要我盡量少吃、拚命運動，那樣的未來會是有可能的。但在這麼多次的減肥與復胖之中，我終於了解到，就算我再瘦，瘦到身體的極限，有些事情是再努力也沒辦法改變太多的。就算再努力，我還是不會變成紙片人，腿也不會變成林志玲的纖纖細腿，但現在我對於這雙粗腿越來越能接受，甚至還

會出現滿意的時刻。

　現在我的腿還是超級粗，大腿、小腿都粗，甚至是不同層次的粗，但我因為這粗壯的腿，讓我在剛開始重訓的前三個月，做槓鈴深蹲時就能舉起 50 公斤！去學自由潛水時，教練幫我拍照紀錄，回家看照片才發現，現在的我，大小腿都已經有漂亮的肌肉線條。前陣子量 inbody 測量全身的體脂肪、肌肉量的時候，還發現腿的體脂肪已經降到正常值。

　另一個我過去極為自卑、極力隱瞞，但現在可以驕傲展現的，是我的巨臀！以前即使最瘦腰圍只有 60 公分的時候，我的臀圍也有個 92 公分，所以我常常穿著長版上衣搭長褲，蓋過自己的臀部線條，或是直接穿著寬鬆的長裙，掩蓋整個臀腿都很巨大的事實。在身材比較肉以後，臀圍超過 100 公分，更是常常靠著傘狀裙去修飾線條。

　前幾年開始對自己的身材看得比較開以後，我甚至常常在貼文或電視節目上，自嘲自己是「下垂界金卡戴珊」，雖然跟金卡戴珊一樣有個大屁股，但卻是未經鍛鍊的原始狀態。

這一兩年我已不再為自己 106 公分的巨臀自卑，即使穿著緊身的壓力褲、牛仔褲，也覺得怡然自得，甚至有許多人問我要怎麼樣才能把屁股練成這樣，殊不知我原本就有一個大屁股，只是當初真的缺乏鍛鍊，而這個大屁股也讓我第一次做槓鈴臀推就能推起 40 公斤，第三次推就推到 65 公斤，它原本就強壯，也因為強壯而更能被鍛鍊。

不再為了瘦，而是為了健康與體態

　　從小到大我就不是「擁有完美身材」的人，我必須要過得很辛苦，辛苦到放棄人生中許多重要的事，才能夠逼近一般人覺得標準的身材。以前我會因為別人攻擊我的身材、攻擊我的體重而難過，但現在有人沾沾自喜地攻擊我的身材時，我只會替他覺得可恥而已，因為對於美的定義，他的視野也許過於狹隘。當然在世俗標準底下，我還是有對自己不滿的地方，我會覺得為什麼我的超粗腿練得起來，超粗手臂卻完全沒有進展？我也會覺得為什麼自己胸型那麼難看，內衣一脫馬上就地

解散？就跟世界上所有的女性一樣，我還是會為了一些莫名其妙的事情折磨自己。但就像我曾經隱藏的巨臀一樣，也許妳身上，也會有妳所羨慕的人所沒有的珍貴特徵。

現在我不再為自己「不瘦」這件事情焦慮，也不會再逼自己吃噁心的無調味燙青菜，不會讓自己在無盡的深淵裡面奔跑。我還是會飲食控制，還是會逼自己每週重訓兩次以上，但這不是為了要讓自己更瘦，而是要讓自己更健康、體態更好、情緒也更穩定，整個人更加滿足、快樂。

偶爾還是會有人說：「妳如果瘦下來一定很好看！」但抱歉，我真的不認為我瘦下來一定比現在更好看。我 70 公斤，離世人眼中的瘦有遠遠一大段距離，但現在的我卻比 53 公斤的自己更有自信。我並不認為自己這樣就不美，並不認為自己這樣就無法做各種嘗試，也不認為胖會是自己的缺點。

我不瘦，但我還是覺得自己美翻天了。

了解自己，
找到微胖舒適圈

很多人不了解自己的身形，不了解胖與
瘦其實不是絕對值，而是一種比較級。
無法了解自己的優點與缺點，在服裝搭
配上、髮型選擇上，甚至妝容技巧上，
就無法展露自己「更好的那一面」。

不管是100公斤還是38公斤，每個人身
上一定有「相對比較瘦」跟「相對比較
胖」的地方，而妳要做的，就是找出自
己「相對比較瘦」的地方。

1

了解自己的身形，不再陷入憂鬱與自卑

　　之所以能夠微胖得如此舒適又心安理得，最主要是因為現在我了解自己的身形，了解自己的比例，也了解自己體型與他人的差異。

　　在還沒有運動前，常常有人問我：「臉要怎麼瘦？」「臉要怎麼變小？」在開始健身後，又因為會發一些穿得比較貼身的照片，常常有人問我：「腰要怎麼瘦？」「怎麼樣做腰才會變細？」但其實這些都是我天生比較瘦的地方，並不是後天努力讓它變成這樣的。我知道這是自己身形上的優勢，所以會在服裝搭配、拍照時將它顯露出來。

　　很多人不了解自己的身形，不了解胖與瘦其實不是絕對值，而是一種比較級。無法了解自己的優點與缺點，在服裝搭配上、髮型選擇上，甚至妝容技巧上，就無法展露自己「更好的那一面」。

常常我在一些微胖女孩的穿搭社團，看到女孩列出自己的身高體重後，對自己身形的描述根本不合常理，大部分都是認為自己「不管怎樣就是全身都胖」，所以會講出「我 165 公分，60 公斤，肩膀寬、肚子大、腿粗，請問要怎麼穿搭？」這種話，但這種狀況基本上是不可能的，不管是 100 公斤還是 38 公斤，每個人身上一定有「相對比較瘦」跟「相對比較胖」的地方，而妳要做的，就是找出自己「相對比較瘦」的地方。

　　舉例來說，我本身就是屬於肩膀窄、側面厚、腰細但四肢極粗又屁股大的那一種，在這段文字裡，各位可以觀察到什麼樣的資訊呢？

1.肩膀窄、側面厚：

　　這代表我本身是正面與側面寬度落差不會很大的「圓身身形」，而不是側面扁，但肩膀骨架相對比較寬的「扁身身形」。

2. 肩膀窄、腰細但屁股大：

整體而言，我是屬於上半身瘦，但下半身胖的類型，如果以英文字母來比喻，看起來會比較像 A 這個字母，而不是 V 這個字母，一般會用「梨形身材」來比喻。

3. 腰細但四肢極粗：

相對於肚子較大（或沒有明顯腰線）、四肢較細的蘋果形身材，我本身是屬於軀幹較小（所以腰會比較細、肚子比較不明顯）、四肢較粗的身材。

我看過許多針對不同身形提出的穿搭建議，除了扁身圓身不會跟其他類型混著講以外，常常會把蘋果形身材跟梨形身材作為對比。但看了我以上的分析，是否看出端倪？妳會發現，其實蘋果形跟梨形代表的是完全不同的身形密碼，根本不應該相提並論。

比起概括為蘋果形、梨形，或是 I 型、A 型、X 型、Y 型，我更希望大家針對 3 大點，全方位分析、了解自己的身形，而

不是認為「全身都胖」，雙手一攤、放棄一切。

1. 扁身或是圓身？

　　我發現大部分的人只要不是皮包骨，都會誤會自己是圓身人，當然以身形比例來說，胖到一個程度的確會更接近圓身，但其實台灣天生就是圓身的女孩真的沒有那麼多！圓身與扁身的比例，大約是一半一半。知道自己是圓身或扁身有多重要呢？這個小小資訊，甚至關係到妳網購的時候，買哪一家衣服可以百發百中都合身、買哪一家會有全都不合尺寸需要退貨。

　　曾經有念服裝採購的朋友跟我說他們有一套圓身扁身的計算公式，但老實說這個公式對下半身較胖的人來說根本不公平，所以不如直接照鏡子判斷，或是對鏡自拍正面、正側面各一張，根據一些簡單原則，就能夠判斷了。

　　在照鏡子前，請先脫到只剩下內衣褲，不要穿著寬鬆睡衣照鏡子，然後跟我說看不出來啊！也順便提醒一下，如果想對鏡自拍加以檢視的話，手機或相機不要拿得太高也不要拿得太

低、不要向上或向下傾斜，這樣都會影響到拍出來的準確度。建議攝影器材拿在大約肚臍上方的位置，這樣才不會因為透視，導致影像畫面變形。

好，對著全身鏡看看自己的身形，正面與側面相比，正面的寬度與側面的厚度，是相當接近的，還是差距很大呢？

體型偏向扁身的人，正面看時肩膀的寬度會比較寬，但轉到側面時，身體的厚度可能不到肩膀寬度的一半；如果是偏向圓身的人，正面看雖然肩膀比較窄，但轉到側面時，正面與側面的寬度不會差太多，比例上側面的厚度大約會是肩膀寬度的 3/4 左右。

雖然胖在上半身或下半身，比例上會有些微的不同，但基本原則不會差太多。舉例來說，我有一位身高、體重都差不多的多年好友，她是屬於胖在上半身跟軀幹的類型，我則是胖在下半身、四肢的類型，因此我們在服裝搭配原則上會有很大的不同。但因為我們都是圓身，所以都是屬於正面、側面看起來寬度厚度差不多的類型，只是可能她上半身顯得比較厚，我則是

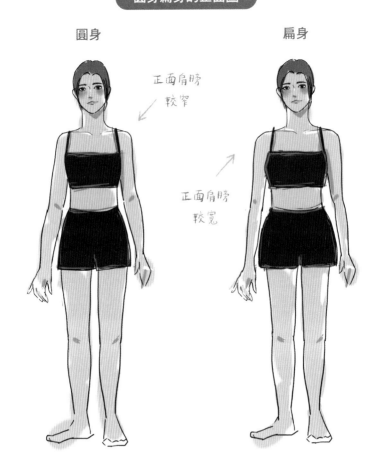

圓身扁身的正面圖

圓身

扁身

正面肩膀
較窄

正面肩膀
較寬

\# 為了讓大家能更明顯看出差異，插畫比例上故意畫得比較懸殊

圓身扁身的側面圖

圓身　　　　　　　　　　　　　　扁身

側面較薄

側面較厚

為了讓大家能更明顯看出差異，插畫比例上故意畫得比較懸殊

微胖生存學

下半身顯得比較厚，不過拍照時，我們都是正面看起來比較顯瘦，側面或半側面反而會顯胖。

我與另一位身高差不多的學妹則是一個圓身一個扁身，雖然她比我瘦 15 公斤左右，但從正面看來，我的寬度可能不會比她寬很多，只看肩寬她甚至比我更寬，只是我手臂肉多，所以就結果而論，看起來是差不多的。但如果轉到側面，我的厚度就可能會是她的兩倍甚至更多。

而市面上的品牌在服裝版型上，也有圓身、扁身之分。比方常見的品牌之中，PAZZO、UNIQLO、GU 等品牌版型都是比較偏扁身的，扁身的人基本上隨便穿、隨便好看，但是圓身的人穿起來，就會覺得怎麼穿、怎麼換尺寸都不合身。ZARA、H&M、AIR SPACE 等品牌的版型則是比較偏圓身的，就算一樣是 XL 的寬褲，穿起來跟前面適合扁身的品牌，視覺上也絕對不同。

如果妳看了鏡子也還是無法判斷自己究竟是圓身還是扁身，也許可以思考看看，過去買過的衣服中，有沒有哪些品牌對妳

來說失敗率很低的？比方說一樣是基本款的襯衫，UNIQLO 對妳來說失敗率就是比較低、H&M 失敗率就是比較高，那妳很有可能是扁身，而不是圓身。

當然我也不可能觀察到所有品牌各屬於什麼版型，以上結論也是我一間間試穿後歸納出來的心得，妳也可以試著歸納屬於自己的不敗清單喔！

青少年的時候，我總是搞不懂為什麼其他同學的側面就是這麼扁、這麼纖細？為什麼我已經無止盡地餓肚子了，肚子還是沒有辦法像她們一樣扁？肩膀還是沒有辦法像她們一樣薄呢？就是因為我們的身形根本不同，身上的優缺點當然也不同，只是當時的我並不了解自己，無法看見自己的優點而已。

2. 胖在上半身或下半身？

接下來很重要的，就是了解自己胖在上半身或是下半身。如我前面所說，真的太多人不負責任地認為自己全身都胖，但讓我再強調一遍：「胖與瘦不是絕對值，而是比較級！」相較於

胖下身與胖上身的體型

胖下身

胖上身

為了讓大家能更明顯看出差異，插畫比例上故意畫得比較懸殊

圓身與扁身的判斷，我想上下半身胖在哪的判斷應該是比較簡單的，一樣需要妳站在全身鏡前面，直接照鏡子或對鏡自拍留下證據。

在正面對著鏡子的時候，妳是肩膀比較寬，還是骨盆比較寬呢？在正側面對著鏡子的時候，妳是肩膀比較有存在感，還是屁股比較有存在感呢？

如果妳是肩膀比較寬、肩膀比較有存在感的，毫無疑問，妳就是胖在上半身，所以上網諮詢穿搭建議的時候，別再說自己屁股大，下盤也寬啦！「相對」來說，妳是屁股跟下盤沒有那麼大的，只是可能不是皮包骨，所以才會認為自己這裡有肉、那裡有肉，那就是胖啊！請認清自己的狀況，妳絕對不是胖在下盤。如果妳跟我一樣，骨盆較寬、屁股超有存在感，那就完全是胖在下半身的類型，不要再誤會自己身上的肉肉，認識她們、接納她們好嗎？

身為女生，對自己的身形一定會有不滿的地方，胖在上半身的女孩一定常常埋怨：「為什麼肩膀這麼厚？」「為什麼看起

來虎背熊腰？」胖在下半身的女孩也一定常常氣憤：「為什麼我屁股這麼大？」「為什麼我腿這麼粗？」

但其實我們的身形都有各自的優點，至於要怎麼發揮優點，在下一章我會跟大家詳細說明，千萬別多翻了幾頁，就忘了自己的身形密碼呀！

3.胖在軀幹還是四肢？

最後這項我覺得是很少人會去注意到，但無論妳是胖是瘦、是紙片人還是棉花糖，只要仔細觀察，這項一定都能得出結論，也許原本對於自己斤斤計較的地方，也會豁然開朗。

胖在軀幹一般會用「蘋果形身材」來形容，與之對比的常常是「梨形身材」，不過我覺得這樣的對比並不合理，因為蘋果形身材明明是指胖在軀幹，梨形身材則是指胖在下半身居多，但是大家可以仔細思考一下，並不是所有上半身較胖的人就是蘋果形身材，所以我才會認為，這兩種類型其實是不能拿來類比的。

相較於所謂蘋果形、梨形這樣的分類，I 型、A 型、X 型、Y 型這樣的分類是相對完整的。I 型是指較為直筒的身材，A 型則是指上窄下寬的下半身胖類型，X 型則是指腰線明顯、曲線分明的身材，Y 型則是指上寬下窄、上半身較胖的類型。

　　只是我覺得這樣的分類是很容易讓人混亂的，Y 型身材裡面會有接近 I 型的、A 型身材裡面也有極度接近 X 型的，所以我才會希望大家深入了解，自己究竟是胖在軀幹還是胖在四肢。

　　這個判別方式會稍微比較複雜一點，是根據我描繪人體人像多年，再加上多年以火眼金睛掃描路人、電視明星、Model 的身形運算出來的比例，目前還沒有聽過別人用這樣的判別方式。大家可以照照鏡子仔細檢視，無論妳是胖還是瘦，這個判別方法都能得到絕對的答案，不可能模稜兩可。

　　這次只需要照正面就好，但是要記得看仔細，如果真的覺得自己肉眼的掃描能力沒那麼好，請務必對鏡自拍下來，再用照片去分析會更準確。

　　在正面對著鏡子的時候，妳手臂的寬度是超過腰寬度的

胖四肢與胖軀幹的體型

胖四肢　　　　　　　　胖軀幹

#為了讓大家能更明顯看出差異，插畫比例上故意畫得比較懸殊

1/4，還是小於腰寬的 1/4 呢？妳大腿的寬度是超過腰寬的 1/2，還是小於腰寬的 1/2 呢？

在這個檢測中，妳不需要實際測量手臂圍、腰圍、大腿圍的數字，只要肉眼去看平面寬度就好，用手臂、大腿最粗的地方，跟腰圍最細的地方去做對比。

用肉眼檢視有困難的話，就用手機拍下來，實際在照片上畫出線條，就能夠看出比例。

如果妳手臂的寬度超過腰寬的 1/4、大腿的寬度超過腰寬的 1/2，那麼，妳就是屬於胖在四肢的類型。如果妳的手臂寬度小於腰寬的 1/4、大腿寬度小於腰寬的 1/2，則是屬於胖在軀幹的類型。

一般來說，胖在四肢的類型，大腿、手臂視覺上都會比較粗壯，但腰線會比較明顯，相對來說肚子也沒那麼容易長肉。胖在軀幹的類型則是比較看不出腰線，一旦發胖肚子也會比較快長肉，但四肢相對纖細，牛仔褲超好買。

為什麼了解自己究竟是胖在四肢還是軀幹如此重要呢？因為

微胖生存學

如果不了解這點，對於自己身形的判斷就會出現很多謬誤。

許多人認為自己是圓身，所以沒有腰線，扁身的人才會有腰。又或是有些人認為自己手臂粗、腿也粗，上半身跟下半身都胖。但其實扁身又是瘦子的人之中，有超級多都沒有腰線，而且一胖就胖在肚子，認為自己全身都胖總是穿著寬鬆衣服掩蓋的人，也有許多明明腰線明顯，只是都遮起來了，連自己都不知道。

要連同胖在四肢或軀幹都了解，排列組合後，才能運算出屬於自己的身形密碼。

4. 了解先天體型，才不會設下無法達成的目標

以上三個項目都檢視完畢後，請各位務必筆記下來，謹記在心啊！因為這個身形密碼，可能會解開妳心中多年的疑問與怨恨（？）

經過交叉比對之後，也許妳 158 公分、46 公斤，扁身、胖在上半身、胖在軀幹。因為相對來說肩膀寬，又胖在上半身，

所以可能明明褲子都穿 S 號的，上衣卻常常要買到 L 號。比起高腰裙跟短版上衣，落肩的襯衫搭配窄管牛仔褲更適合妳。

或者，妳可能 160 公分、85 公斤，圓身、胖在下半身、胖在軀幹。因為相對來說肩膀較窄、骨盆較寬，但四肢相對比較細、腰線不明顯，所以傘狀的洋裝，甚至寬口的短褲短裙都很適合妳，但超緊身貼臀或腰線超合的服裝，妳無論如何就是不敢挑戰。

又或者，妳可能 170 公分、53 公斤，扁身、胖在下半身、胖在軀幹。所以明明側面看肚子就超扁，但正面看腰線就是不明顯。明明因為胖在下半身，看自己的大腿怎麼樣都不順眼，但又因為屬於胖在軀幹、四肢瘦的身形，所以朋友都說妳明明腿就很細，到底有什麼好抱怨的？

最後也許，妳跟我一樣，168 公分，70 公斤，圓身、胖在下半身、胖在四肢。因為胖在下半身又胖在四肢，所以就算瘦到53 公斤，褲子也還是要穿 L 號以上，其他時候更是無庸置疑的 XL。但又因為圓身、上半身瘦，所以肩膀窄，胖在四肢所

以軀幹相對瘦、腰相對細，所以上衣大部分都只能買 S 號、M號。如果買了布料無彈性的洋裝，就可能肩膀、腰部腹部都太鬆，但大腿屁股根本穿不進去。

其他還有很多身形我沒有一一列舉，也還有更多細節我沒有列入，像是也許大腿粗、小腿細，胸部大、胸部小，高或矮等等。不過就我目前的經驗而言，只要以上三大重點妳都能清楚分析出自己的身形密碼的話，除了未來在服裝選擇上會比較輕鬆，也比較不會逼自己去做一些無法達成的事。

就像我以前總是看著雜誌上水原希子的腿發呆，希望總有一天變成那樣的鳥仔腳，但現在我知道這是絕不可能的。與其煩惱那些，不如多做幾個槓鈴深蹲，把大腿肌肉線條練出來，打造真正的「密」大腿。（對，曾有高人告訴我，其實不是「蜜」大腿而是「密」大腿，不是蜜汁火腿的「蜜」，而是密度高的「密」）。）

在這麼多年胖胖瘦瘦以後，我也了解到，就算胖到 80 公斤，只要露出腰部，總是能引起眾人驚呼。明明我因為圓身的關

係，腰圍真的沒有很小，大家會說 24 吋纖腰、22 吋小蠻腰，可是沒有人會說 29 吋還是蜂腰啊！但因為屬於軀幹瘦、上半身瘦再加上骨盆超大，相對來說腰線就會非常明顯。明明 29 吋說出來，沒有人會認為這是什麼曲線分明的腰圍，但整天都有人問我「腰要怎麼瘦」卻是不爭的事實。

要了解自己，懂得可以透過鍛鍊讓這些部位更結實，但天生的比例是無法改變太多的。明明全身就是腿最胖，那就不可能透過減肥變成鳥仔腳；明明再瘦都沒有腰線，也不可能側腹鍛鍊幾下腰就會凹下去。

但腿粗可以練出密大腿、屁股大可以練成蜜桃臀、沒有腰線也能衝出腹直肌！了解自己的優點，將它發揚光大，就不會只看到自己的缺點，整天與自己過意不去。

2

無論減不減肥，都要了解基礎代謝率與TDEE

　　由於這麼多年來分享各種減肥心路歷程、胖瘦經驗，以及在各大類型飲食、運動減肥社群中臥底（？）藉由別人對我的提問，或是這些社群上面的討論，我發現有許多對自己身材在意，或是會對著別人大喊「想減肥就是少吃多動啊」的人，大部分連所謂的基礎代謝率都不了解。但我認為只要妳不是怎麼吃都吃不胖的神仙體質，無論有沒有要減肥，為了自己的健康，都要了解基礎代謝率。

　　相信很多正在看這本書的人早就知道什麼是基礎代謝率了，或者是前面看我講了那麼多次又沒備註，可能早就忍不住上網搜尋了。不過為了完全不了解的幼幼班讀者，在這邊還是完整說明一下。

　　所謂的基礎代謝率（Basal Metabolic

Rate，英文簡寫為 BMR，以下簡稱基代），指的是一個人在一天之中，維持生命所需要消耗的最低熱量。也就是說，就算一整天都躺著不動、不做任何事，身體就會消耗掉這麼多熱量。

但這個基代呢，會因為每個人的身高、體重、肌肉量有所不同，也會隨著年齡的增長而下降。

現在有許多體重計、儀器可以直接測量出基代，但如果沒有相關儀器，也可以利用簡單的公式大概計算出來。

● 男性：基礎代謝率 ＝
（10×體重／公斤）＋（6.25×身高／公分）－（5×年齡）＋5
● 女性：基礎代謝率 ＝
（10×體重／公斤）＋（6.25×身高／公分）－（5×年齡）－161

而男性跟女性基代公式之間的差異，主要是對於男女平均肌肉量的預先估算，在一般情況下，男性的肌肉量會比女性高，

基礎代謝率也會更高。

舉例來說，像我身高 168 公分、體重 70 公斤，寫書的這個當下是 32 歲（等書上市可能已經 33 歲了呵呵呵呵呵），利用女性基代公式去計算的話，就是（10×70）＋（6.25×168）－（5×32）－ 161 ＝ 1429，在不考慮個人肌肉量差異的情況下，我的基礎代謝率大約是 1429。

像我家 71 的話，身高 180、體重 93 公斤，寫書的這個當下是 44 歲，利用男性基代公式計算的話，就是（10×93）＋（6.25×180）－（5×44）＋ 5 ＝ 1840，這個就是他大概的基礎代謝率。要是不想考驗自己心算能力的話，上網搜尋也都有基代計算機，請不要慌張，還有記得提醒長輩，千萬不要拿虛歲去算欸！

為什麼了解自己的基代如此重要呢？

前面有在認真看書的話，應該已經能說得頭頭是道、舉一反三，但真的說不出來也沒關係，在這邊詳細解釋一遍：若熱量攝取低於基代，身體沒有足夠的熱量來維持基本機能運作的

話，就會消耗本身儲存的能量，這種時候就很容易造成肌肉量下降，而肌肉量下降，又會讓基礎代謝率變得更低[①]。

所以這其實是一個惡性循環，就像青少年時期的我，為了減肥吃得超少、攝取超低熱量的食物，由於攝取的熱量甚至無法讓身體維持基本機能運作，雖然體重有下降，卻絕大部分都是肌肉量的減少，導致基代越來越低，吃再少也很難瘦，稍微吃多就復胖。因為實在太多人的飲食控制方式就是「激烈節食」，所以我才會特地將基代挑出來講。

根據資料顯示，每額外消耗 7700 大卡，就會減少 1 公斤；相反地，每額外攝取 7700 大卡，就會增加 1 公斤。吃得過少會讓肌肉量減少、基代下降，吃得過多也會讓體重直線上升、體脂肪同時跟著飆升。

了解自己的基代，即使在減重時期也要攝取足夠身體運作的熱量；在體重維持時期，也不讓自己吃得過頭，不讓體重數字上上下下浮動。

但基代其實只談到基礎消耗跟基礎攝取而已，生而為

人，總不可能每天躺著什麼也不幹，如果要更了解自己的狀況，最好也研究、試算一下自己的 TDEE（total daily energy expenditure，每日生活所需熱量）。

在每個人的基礎代謝率之上，根據平日活動的程度、每週運動的次數，去推算出每日生活消耗的熱量。

TDEE 的試算公式如下，但前提是必須先算出自己的基代（BMR），才能進一步計算 TDEE 喔！

工作性質	活動程度	TDEE
久坐少動	無運動習慣	BMR×1.2
久坐少動	每週輕量運動 1～3 次	BMR×1.4
部分活動	每週中量運動 3～5 次	BMR×1.6
部分活動	每週高強度運動 6～7 次	BMR×1.8
勞力密集	每天運動／訓練 2 次	BMR×2.0

像我工作型態大部分是久坐、少動，每週運動大約 3 次，我的 TDEE 就是以原本的基代 1429×1.4 = 2000.6

　　如果以我的基代與 TDEE 為例，想要維持體重不暴肥的話，單日攝取的總熱量就不能超過 2000 大卡；想要減重的話，就要吃超過 1429 大卡，但盡量低於 1500 大卡，盡可能在高於基礎代謝的情況下減少攝取。想要在健康的情況下增重的話，就要繼續維持運動習慣，然後每天吃超過 2000 大卡。

　　無論是減重、增重，還是維持體重，我認為都是一種「體重控制」，很多人會認為熱量計算很麻煩，但如果連這些基本的熱量攝取、消耗知識都沒有的話，反而會讓自己走很多冤枉路。與其如此，還不如做足功課，了解自己所需所要，讓體重控制之路更輕鬆順利。

1　攝取熱量低於基礎代謝率時，除了平常提供主要能量的脂肪與肝醣外，肌肉的蛋白質也會被當作能量來源以供給器官臟器的正常生理作用，因此造成肌肉流失而減少基礎代謝率。研究顯示，極低熱量飲食造成代謝率流失的問題，在減肥結束後的一年內都還無法恢復到正常，在未來容易發生復胖的問題，且可能會高於減肥前的體重。（相關資料節錄於衛福部網站）

3

找出更適合自己的飲食模式

好，我知道很多人認為熱量計算很麻煩，斤斤計較食物到底有多少卡路里很瘋，但如果妳不是隨便吃隨便瘦的體質的話，我建議，就算不計算熱量、不知道基代、不知道 TDEE，至少也要天天量體重！可以的話，最好買個可以量體脂肪的，兩個數據一起測量。

曾經我也覺得：「幹嘛斤斤計較那個數字天天量體重呢？反正我都有順利減肥減下來了，也有很多人沒有特別控制體重，但也沒變胖啊！照這樣下去，不可能會胖多少啦！」結果再站上磅秤的那一刻，都比記憶中多了 7~10 公斤，又是一個晴天霹靂！只能說，沒有那個神仙體質，也沒那麼堅強的心智讓自己無止盡心寬體胖的話，就乖乖量體重吧！

以前我把天天量體重當作鞭策自己的手段，只要增加了 0.5 公斤就要逼死自己，吃得更少、

動得更多。現在我把天天量體重當作能讓自己作弊的小技巧，讓自己就算吃垃圾食物，也能吃得聰明、吃得逆轉瘦。

　　每天起床上完廁所後，務必把自己脫到只剩一條內褲，量體重也量體脂肪，量完之後用手機記錄下來，比對一下前幾天的數據。比對完之後，再回想自己前一天吃了什麼，前一天吃的東西是讓自己變得比較重還是比較輕？如果可以的話，飲食也順便記錄是最好的，現在智慧型手機那麼方便，要是懶得一一寫下來，就把吃的東西拍起來，反正大家平常沒事也是在拍食物，只是現在要把拍食物當作一種義務而已。

　　看似瑣碎、斤斤計較的量體重與飲食記錄，其實能讓你事半功倍，吃得更快樂。就算不懂任何飲食法、不了解各種食物的熱量、不懂各種食物的成分與營養素，只要透過量體重跟飲食紀錄，也能歸納出最適合自己的飲食模式。每個人適合吃的食物不一樣、吃了會胖的食物也不一樣，有些人就算天天大吃澱粉也不會變胖、有些人則是狂吃麻辣鍋吃到飽也沒事，但如果不去追蹤、記錄、比較，妳就永遠不會知道什麼是自己的作弊

食物、什麼是自己的作弊飲食法。

　　舉例來說，風靡世界的 168 斷食法，我身邊不只一個朋友告訴我說非常有用，只要維持 8 小時內進食完畢、16 小時斷食的原則，期間內他們不管吃什麼都不會胖，即使睡前還在吃宵夜，也照樣有瘦下來。在我身上就完全不是這個樣子了，我曾經執行完整一個月的 1014（10 小時內進食完畢、14 小時斷食），期間甚至還對食物種類忌口，不是肆無忌憚地吃，也不會故意起床不吃東西，把進食時間延到睡前當宵夜吃，沒想到一個月下來，體重並沒有明顯變化。寫書的同時因為疫情升溫都關在家裡，想說不然試著執行 168 看看好了，三週都自己煮、營養均衡，但體重、體脂肪也一樣沒有明顯變化，有的降幅看起來都是因為食物本身造成的，而不是 168 斷食造成的。

　　但低醣飲食、根治飲食法這類澱粉攝取少的飲食法對我來說就相對效果顯著，只要澱粉不暴量，基本上就不會暴肥。不過我那些執行 168 順利的朋友，大部分都是無法完全戒斷澱粉的類型，所以才會選擇執行 168。

飲食法需要較長時間觀察，建議至少記錄觀察 2~4 週，看看體重有沒有明顯的浮動，不過如果是單一食物、單一種類的餐點，通常隔天就能看到結果。

　　比方說火鍋與燒烤，對我來說這兩類都是比較能吃的吃到飽外食類型，因為可以盡量多吃肉跟菜、少吃澱粉，所以如果在飲食控制期間，我突然很想大吃特吃的時候，就會以這兩種為主。但根據飲食紀錄與體重紀錄，我了解到自己在吃火鍋的隔天體重跟體脂肪幾乎都會增加，吃燒烤的隔天卻幾乎都是下降的，得知這個結果後，若是在可選擇的情況下，我就會去吃燒烤吃到飽，吃得滿足又不容易胖，何樂而不為呢？

　　或是說到油炸類的東西，大家都知道油炸的東西不要多吃，但偶爾就是會很想吃啊！我個人覺得，這輩子無法完全捨棄的東西，就要適時解放、偶爾吃一下，才不會有一天突然暴走吃一堆。

　　透過飲食紀錄與體重紀錄，在我偶爾狂吃炸物的時候，也留下了有用的數據。以炸雞為例，麥當勞、肯德基這些國際級連

鎖店的炸雞，吃完隔天通常體重不會暴增，體脂肪反而會降一點點。但如果是胖老爹、拿坡里這類連鎖店的炸雞，吃完隔天體重會增加、體脂肪也會增加，只是幅度不至於太誇張。最激烈的就是路邊攤的鹹酥雞、雞排，吃完隔天體重、體脂肪必定暴增，而且要好幾天才降得回來。

在這些炸物之中，最安全的則是麥當勞麥克雞塊，吃完隔天體重、體脂肪基本上都不會增加。主要是它麵衣較薄，內部又多是雞胸與雞腿的混合肉，所以當我想吃炸物時，最常拿來解饞的就是它了。

當然以上都是我個人的實測數字，妳適合吃什麼樣的東西、有什麼樣的作弊食物，這都要自己記錄飲食內容跟每日體重、體脂肪，才能夠找到答案。

4

獨門作弊料理

好吃健康又不易胖！

很多人還是認為「減肥只能吃水煮餐」。會有這種觀念的人，我倒認為他們應該一輩子都沒有減肥過，才會以為可以一直只吃水煮餐。

只要曾經減肥過的人就會知道，在飲食控制的時候，一定會有「好想吃」某個地雷食物的瞬間，像是鹹酥雞、炸魷魚、蘑菇濃湯、起司漢堡排、鍋貼、牛肉捲等等。然後某一天會突然爆發，狂吃那些不能吃的地雷食物，而且一發不可收拾，直到復胖到無以復加，妳才突然發現不能再這樣下去了，於是又再逼自己吃回那些清湯掛麵（誤）的東西。

曾經我也是個會逼自己吃高麗菜清湯麵線、吃開水泡大燕麥片加高湯粉的女子，但藏在深處的挑食美食家基因，不會改變

就是不會改變！每每過度制約自己以後（搞不好還讓基礎代謝變低），一定會迎來報復性進食的爆發期，於是胖胖瘦瘦、瘦瘦胖胖，溜溜球體質越演越烈。

在了解各種飲食法後，我不僅研究飲食法，也研究各種食材，就是為了讓自己可以吃得快樂又不會有罪惡感，一邊飲食控制，還是能享用美食。

而降低食物的熱量為了什麼？當然是為了攝取更多其他喜歡食物啊！

在這邊準備了二十一道我研發的獨門作弊料理，讓大家在飲食控制期間也能小小作弊一下，吃點美味，讓自己有滿足感的食物，但又不至於破壞飲食計畫，明天才有動力繼續努力。

微波就能搞定的懶人菇菇低卡料理

各種菇類其實是飲食控制的好幫手，因為菇類不只熱量低，還含有多醣體、維生素、礦物質跟膳食纖維，如果討厭吃青菜的話，菇類也是增加飽足感、增加纖維質攝取量的好夥伴。

蕈菇種類	每 100 公克熱量
杏鮑菇	39 kcal
香菇	37.6 kcal
金針菇	37 kcal
黑木耳	31 kcal
舞菇	31 kcal
洋菇	28 kcal
雪白菇	26 kcal
鴻禧菇	20 kcal

　　以同樣 100 公克來說：杏鮑菇熱量大約 39 大卡，金針菇大約 37 大卡，舞菇大約 31 大卡，鴻禧菇大約才 20 大卡。而且平常炒菜、煮湯、煮火鍋都很好入菜，相較於葉菜類還超好保存，所以是我冰箱裡的常備生鮮食材。但乾香菇熱量較高，大家在選擇食材時要特別注意。

　　這裡要教大家兩道用微波爐就能完成的懶人菇菇低卡料理，就算不會下廚、工作忙碌，也能輕鬆完成！

菇菇豆漿偽蘑菇濃湯

低油 / 低醣 / 生酮可食　熱量：約 100 大卡　　　　　（1 人份）

突然好想喝奶油濃湯又怕熱量太高？或是想買市面上的高蛋白濃湯，又覺得價格太貴？其實用無糖豆漿就能自己做出高蛋白、低熱量口感又濃郁香醇的「偽濃湯」。一人份大約 100 大卡而已，不僅香濃好喝，還有滿滿的飽足感！

材料

無糖豆漿 / 200ml　　舞菇 / 半包（可替換成自己喜歡的菇類）
鹽 / 半匙　　　　　高湯粉 / 酌量

做法

1. 將舞菇弄碎，放進碗裡，倒入 200ml 的無糖豆漿。
2. 加入鹽、高湯粉，稍微攪拌。
3. 放進微波爐用 600W 先加熱一分半。
4. 拿出來攪拌後，再加熱一分半即完成。

TIP

高湯粉是提味用的，不可省略，如果只加鹽，整體風味會比較死鹹，可依照自己的喜好選擇雞粉、鰹魚粉或香菇粉。如果喜歡吃辣，也可以加一點點辣椒醬、辣椒油，吃起來香辣濃郁超過癮！

菇菇紙包雞

低油 / 低醣 / 生酮 / FMD 可食　熱量：約 190 大卡　　（1 人份）

大家都說減肥要吃雞胸，但覺得又乾又柴，不知道雞胸要怎麼料理？利用烘焙紙跟微波爐，加上一點自己喜歡的菇類與簡單調味料，也能做出美味雞胸料理！

材料　雞胸 / 1 片　　鴻禧菇 / 1 包　　　鹽 / 1 匙　　黑胡椒 / 酌量

做法
1. 將鴻禧菇、雞胸肉切丁，加入一匙鹽拌勻。
2. 將鴻禧菇與雞胸肉，撒上少量黑胡椒，用烘焙紙包起來。
3. 以 600W 微波 3 分鐘，取出攪拌後再微波 3 分鐘即完成。

TIP

如果喜歡蔥蒜的話，也可以在鴻禧菇與雞丁中加入少許蒜末一起微波，完成後再撒上一點青蔥增加風味。

原型食物也能好好吃

在各種飲食法之中，無論是要吃油不吃油、要吃澱粉不吃澱粉，唯一一個各派掌門人都推崇的，大概就只有吃原型食物這一點了。為了避免有人不知道什麼是原型食物又不想上網查，在這邊還是簡單說明一下，原型食物就是未經加工的食材本身，比方說：豬五花是原型食物、培根是加工食物，小麥是原型食物、麵跟麵包跟饅頭是加工食物。

但餐餐都吃原型食物談何容易？味道樸實、口感無趣，吃著吃著難免想念起那些添加物多到爆的垃圾食物，一旦破戒又忍不住有罪惡感，自責管不住嘴巴！但只要改變一些前置作業方式、食材烹調方式，原型食物也能吃得開心、吃得過癮。

一些簡單的涼拌小黃瓜、涼拌木耳我就不特別教學了，這些都是不錯的低卡食材，書中會教的主要是常常食用又能做出變化的菜色，無論是買生鮮食材來處理，或是已經處理好的冷凍食材都可以。

▲去骨雞胸肉

100 公克裡就有 31 公克蛋白質的雞胸，應該是大家很熟悉的飲食控制食材，但比起便利商店賣的舒肥雞胸肉，其實自己醃製處理的雞胸肉口感會更好。知名美式賣場就有賣處理好的冷凍生雞胸，真空包裝好存放，缺點就是一次要買很多包！如果不想一次買太多又不想買貴的話，其實一般傳統市場也可以麻煩攤販協助去骨，不用擔心去骨麻煩，雞骨架還可以拿回來熬湯。

▲熟凍刻花魷魚

在美式賣場海鮮冷凍櫃發現的好物，已經切好、燙好的冷凍魷魚，只要稍微加熱就能吃，而且還是 100% 的原型食物，如果跟我一樣不擅長挑選海鮮，這款就非常方便。魷魚具有高蛋白、低脂肪、低熱量的優點，不但富含蛋白質、鈣、磷、鐵，還含有豐富的 DHA、EPA、牛磺酸，100 公克熱量大約 92 大卡，其中就有 20 克左右的蛋白質，只有不到 1克的脂肪。

▲冷凍青花菜

有充分的維生素 C 還有維生素 A，且含有鈣、磷、鐵、鈉等礦物質，100 公克約 28 大卡。已經切好、燙好、處理好的青花菜，原本只有美式賣場有販售，但現在漸漸其他超市、賣場也有販售這類商品，甚至有些

網路生鮮賣場也有販售。產季時我還是會買新鮮青花菜回來自己處理，因為比較好吃，但非產季買不到新鮮青花菜時，冷凍青花菜就是好幫手。

▲花椰菜米

很多人以為花椰菜米是一種新品種的米，但其實只是把白花椰菜剁碎成米狀，在料理時以此代替白米，以降低熱量攝取以及澱粉量攝取。白花椰菜一樣熱量低營養價值又高，每 100 克熱量約 23 大卡，含維生素 A、B、B2、C 以外，還含、碘、鈣、磷、鐵、β 胡蘿蔔素等等營養素，其中維生素 C 含量豐富，是檸檬的 3.5 倍，是蘋果的 26 倍。產季時我會買新鮮花椰菜回來，自己用食物調理機打成碎末，口感會比冷凍的更好，但非產季或是懶得處理的話，賣場也都有販售熟的冷凍花椰菜米，可以省下許多時間。

▲櫛瓜

櫛瓜又稱為夏南瓜，外表有點像比較大又沒那麼筆直的小黃瓜，比起小黃瓜更適合煮熟食用（小黃瓜煮熟後口感有點微妙，所以我比較喜歡生吃），因為熱量低，一條只有大約 21 大卡，100 公克中只有大約 1.5 公克的醣，又富含鉀、鈣、鐵等礦物質跟 β - 胡蘿蔔，是近年各種飲食法都非常熱愛的一種食材。再加上好保存、好搭配，也是我冰箱內的常備食材之一。

爆漿雞胸肉

低油／低醣／生酮／FMD 可食　熱量：約 150 大卡　　　（1 人份）

乾柴雞胸肉的救星來了！不需要額外增加熱量，就能做出鮮嫩爆汁雞胸肉。處理得當還能有在吃爆漿雞排的錯覺，這麼聰明的做法，一定要學起來。

材料　雞胸／1 片　　氣泡水／約 300～500ml　　鹽／1 匙

做法
1. 將雞胸肉放進保鮮盒中，倒入氣泡水淹過雞胸，加入鹽，放入冰箱醃過夜。
2. 將醃過的雞胸肉以氣炸鍋或烤箱料理，不需噴油，150 度烤 12 分鐘。
3. 翻面後再以 200 度烤 5 分鐘即完成。

TIP

家裡有氣泡水機的話，可以節省許多成本，若沒有也可以買外面現成的氣泡水。如果沒有烤箱、氣炸鍋，也可以噴少量油，用平底鍋乾煎，只是水分比較無法完全鎖在裡面。

零裹粉氣炸魷魚

低油 / 低醣 / 生酮 / FMD 可食　熱量：約 65 大卡　　　（1 人份）

完全不裹粉、不油炸也能做出酥脆的炸魷魚？而且一份熱量才 65 大卡！如果正在進行嚴格的飲食控制，卻想要來點小小炸物解饞的話，這道料理絕對是首選。

材料　熟凍魷魚 / 100 公克　　醬油 / 1 匙　　麻油 / 半匙　　生辣椒末 / 酌量
蒜末 / 酌量　　　　　　蔥末 / 酌量　　香菜 / 酌量

做法
1. 冷凍魷魚不解凍，直接放進氣炸鍋，不需噴油，設定 150 度 10 分鐘。
2. 稍微翻面後，再設定 200 度 10 分鐘。
3. 將醬油與其他辛香料調在一起，淋在魷魚上裝盤即完成。

TIP

如果不需要酥脆口感的話，直接將魷魚加熱後淋上醬料也一樣很好吃，辛香料、醬料則是依照個人喜好增減，但還是建議不要加胡麻醬、美乃滋、沙茶醬、甜辣醬等等熱量較高的調味料。

蔬菜烘蛋披薩

低醣／生酮可食　熱量：約 443 大卡（1 人份約 221 大卡）（2 人份）

看到電視廣告牽絲起司加上滿滿的餡料，一定有很想吃披薩的時候吧？但披薩餅皮高油又高碳水，吃完隔天保證體重體脂肪一起飆升。用平底鍋做烘蛋代替披薩餅皮，撒上喜歡的蔬菜跟起司，一樣可以吃得很開心！

 材料

雞蛋／2 顆	玉米筍／10 ～ 15 根	青花菜／半株
雪白菇／1 包	味精或高湯粉／酌量	鹽／1 匙
黑胡椒／酌量	焗烤起司絲／酌量	酪梨油／酌量

做法

1. 將玉米筍、青花菜、雪白菇切成小塊備用。
2. 將兩顆蛋加入半匙鹽，打散備用。
3. 平底鍋熱鍋後加入油，再加入蔬菜拌炒，另外加入半匙鹽及少量高湯粉或味精調味。
4. 蔬菜炒熟後加入蛋液，撒上莫札瑞拉起司絲，蓋上蓋子悶 3 分鐘即完成。

（TIP）

如果家裡有可放進烤箱的鍋具，可以在蛋半熟時灑上起司，將鍋子放進烤箱 180 度烘烤 5 分鐘，這樣蛋皮的口感會更接近披薩，起司也會有微焦口感。

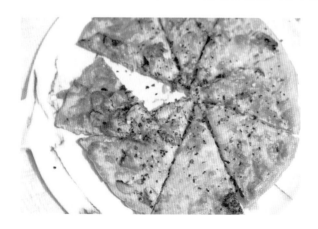

鮭魚花椰菜米炒飯

低醣 / 生酮 / FMD 可食　熱量：約 326 大卡　　　（1 人份）

想要飲食控制，但發現自己一個不小心就爆熱量、爆醣？就是討厭吃蔬菜，不知道怎麼樣增加蔬菜的攝取量？那就試試看花椰菜米炒飯吧。搭配上富含 Omega-3 脂肪酸的鮭魚，充滿油脂焦香又有充分營養跟飽足感喔！

材料

花椰菜米 / 200g	去皮鮭魚 / 1 片	鹽 / 半匙
味精或高湯粉 / 酌量	黑胡椒 / 酌量	酪梨油 / 酌量

做法

1. 冷凍鮭魚不噴油，直接進氣炸鍋 / 烤箱，設定 150 度 10 分鐘，翻面後再 200 度 10 分鐘。
2. 熱鍋後加入酪梨油，再加入花椰菜米炒熟。
3. 加入烤熟後弄碎的鮭魚，再加入鹽、高湯粉、黑胡椒粉等調味料，攪拌均勻即完成。

TIP

若是家裡沒有烤箱或氣炸鍋，鮭魚也可以用煎的，只是要先解凍再煎。花椰菜米炒飯完成後，也可以灑上一點點起司，進烤箱做成花椰菜米焗飯。

牛肉櫛瓜乾拌麵

低醣 / 生酮 / FMD 可食　熱量：約 440 大卡　　　　　（1 人份）

看著大家都在洗版拌麵，是不是也很想加入洗版行列，吃碗鹹香夠味的乾拌麵？但一般市售乾拌麵就是高鈉、高碳水的代表，雖然熱量不會過高，吃起來卻不健康。自己動手做個高蛋白、高營養又低碳水的牛肉櫛瓜乾拌麵吧！

材料

牛肋條（牛腩）/ 150g　　　　櫛瓜 / 1.5 條　　　　醬油 / 半匙

味精或高湯粉 / 半匙　　　　　蒜末 / 酌量　　　　　洋蔥末 / 酌量

八角 / 少量　　　　　　　　　酪梨油 / 酌量

做法

1. 將牛肋條切塊，放入電鍋內清蒸過夜。
2. 熱鍋後放入酪梨油，再放入蒜末、洋蔥末爆香。
3. 將蒸熟的牛肋條連同湯汁一起加入鍋內拌炒，加入醬油、味精、八角等調味料，蓋上鍋蓋小火悶煮 20 分鐘。
4. 櫛瓜刨成細絲，以平底鍋加上少量酪梨油拌炒。
5. 將櫛瓜與牛肉、湯汁裝盤，拌勻後即可食用。

TIP

食譜中是一個人的量，但牛肋條可以一次多煮一點冰起來，下一餐還可以搭配別的食物一起吃。敢吃辣的話，加上一點辣椒醬或是花椒油會更好吃喔！

認識神奇粉類，作弊料理更加順手！

常見的太白粉、麵粉、蕃薯粉運用在許多料理中，不管是勾芡、做麵包、做麵條、做饅頭，還是炸排骨裹粉，都是讓美味提升不可或缺的一環。

但無論哪一種，在各種飲食法中都是不可食用的 NG 食品，如果真的很想吃這類口感的食物，就一定要認識這些粉類，讓作弊料理製作得更加順利！

▲洋車前子殼粉

洋車前子殼粉是一種食用膠質纖維，有吸水後膨脹的特性，能吸收體積 3 倍以上的水量，吸水後會變得黏稠甚至 Q 彈，所以在勾芡、增加黏著度，或是製作 Q 彈感點心的時候都可以使用，取代部分太白粉的用途，也能取代部分地瓜粉、樹薯粉的用途，100 公克大約 190 大卡，但通常使用量不會超過 5 公克。

同時，洋車前子殼粉對於血壓調節、血糖控制、增加飽足感、幫助排便等等都是有幫助的，是個用途多又健康的食材，只是食用後要多喝水，而且不能食用過多，以免腸胃過度蠕動。

▲烘焙用杏仁粉

這邊的杏仁粉跟平常大家沖泡杏仁茶的杏仁粉不一樣，原本是製作甜點、馬卡龍常用的食材，這幾年因為低醣飲食、生酮飲食盛行，也有很多人直接拿來取代麵粉，做出來的成品比較酥鬆香濃，帶有一點奶油味。

但因為杏仁粉是完整杏仁果製作而成的，所以油脂含量高達 50%、100 公克熱量就高達 564 大卡，相對的，成品吃起來也比較扎實且更有飽足感。

▲椰子細粉

這邊的椰子細粉也跟一般點心、麵包上撒的椰子粉不一樣，外觀看起來跟一般麵粉差不多，但是是由椰子果肉脫水後研磨製成的，高纖維、低碳水，也是低醣跟生酮烘焙的常用食材。

椰子細粉的熱量也不低，每 100 公克有 387 大卡，如果不在意椰子細粉本身淡淡的椰子甜味，在低碳水的烘焙用粉類來說，算是熱量相對比較低一些的。

▲黃金亞麻籽粉

除了杏仁粉與椰子細粉以外，常用來取代麵粉的低醣粉類還有黃金亞麻籽粉，含有 Omega-3 跟蛋白質還有高纖維，100 公克約 538 大卡，烘烤後的口感、香氣會有點像全麥麵包。

不過要提醒的是，一般的亞麻籽粉跟黃金亞麻籽粉味道不太一樣，紅棕色的亞麻籽粉會帶有一點微微的酸甜味，一樣可以取代麵粉使用，只是我個人喜歡做鹹食，對我來說紅棕色亞麻籽粉的搭配性就比較低。

▲高蛋白鬆餅粉

如果以上這些粉類對你來說都太複雜了，也懶得自己研究這些烘焙材料，其實國外的有機食物網站也會販售調配好的無麩質高蛋白鬆餅粉，只要按照包裝上的比例加水放上平底鍋，就能煎出高蛋白鬆餅。100 公克大約 350 大卡，熱量也比上述各種低醣烘焙粉來得低，只是口味就比較單一，也會有高蛋白粉本身的味道。

　　以上這些粉類，在有機店、有機食材網站、烘焙食品專賣店或網站都有販售，並不難取得，只是價格都不是非常便宜，除了洋車前子殼粉因為用量少，常常在料理中使用以外，其他類型的粉類我都是在飲食控制時期又很想解解饞的時候，偶爾使用而已。

　　接下來就教大家幾種使用這些粉類的作弊料理，也可以從這些料理中，再延伸出其他食譜喔！

氣炸魷魚圈

低醣 / 生酮 / FMD 可食　熱量：約 276 大卡　　　　　（1 人份）

在飲食控制期間，一定有超級想吃鹹酥雞、炸物的時候吧？香酥的外皮、鮮嫩的內餡，光是想想就會流口水。既然如此，不如自己來做一款作弊炸魷魚圈吧！

材料

魷魚或中卷 / 1 尾　　　杏仁粉 / 約 15g　　　鹽 / 半匙

鰹魚粉 / 酌量　　　　　辣椒粉 / 酌量　　　　噴霧式酪梨油 / 酌量

做法

1. 將杏仁粉、所有調味料在大盤子上混合均勻。
2. 魷魚或中卷切段，放在盤子上均勻沾上粉末。
3. 噴上少量酪梨油，設定 150 度 10 分鐘進氣炸鍋烘炸。
4. 翻面後再設定 200 度 5 分鐘即完成。

TIP

除了魷魚、中卷以外，前面教的爆漿雞胸也可以切成小塊，裹上此食譜教學的炸粉，以同樣方式氣炸（雞胸肉較厚，150 度要 15 分鐘），就能做出作弊款鹹酥雞囉！

蛋花玉米筍濃湯

低油 / 低醣可食　熱量：約416大卡（1人份約104大卡）（3～4人份）

台式玉米濃湯應該是家家戶戶必備的家常菜，偶爾懷念阿婆煮的料理，就好想來上一碗！一般的台式玉米濃湯都是靠勾芡來增稠，越濃稠、熱量就越高。如果不想醣類攝取超標太多，就利用洋車前子殼粉，做出高纖減卡的玉米濃湯吧！

材料
玉米醬罐頭 / 1 罐　　玉米筍 / 約 10 根　　水 / 1800ml
蛋 / 1 顆　　　　　　洋車前子殼粉 / 5g　　鹽 / 2～3 匙
味精或高湯粉 / 酌量

做法
1. 在鍋內裝入 1800ml 的水，玉米筍切小塊，丟下去一起烹煮。
2. 水煮滾後加入玉米醬罐頭，加入鹽、高湯粉等調味料與洋車前子殼粉。
3. 煮滾後一邊攪拌一邊加入蛋液即完成。

TIP

雖然玉米粒罐頭一罐也才 132 大卡，但比起一盒才 27 大卡的玉米筍熱量還是高出不少，而且玉米是澱粉類，玉米筍是蔬菜類，利用玉米筍取代玉米粒，也能減少許多額外的熱量攝取。

低醣泡菜煎餅

低醣／生酮可食　熱量：約 432 大卡　　　　　　　　（2 人份）

每次去韓式料理餐廳，必點的就是香脆好吃的海鮮煎餅了。但大量麵粉在大量油上面煎得酥脆？怎麼想都是飲食控制期間的 NG 食物。試著用替代性的粉類加上泡菜，做出超夠味的煎餅解解饞吧！

材料

韓式泡菜／1 小碗	椰子細粉／1 大匙	起司粉／酌量
蒜粉／1 匙	雞蛋／1 顆	酪梨油／酌量

做法

1. 將椰子細粉與起司粉、蒜粉混合，泡菜切成小塊後加入，泡菜醬汁先不加入。
2. 將雞蛋打散後加入，視麵糊濕潤狀況，酌量加入泡菜的醬汁。
3. 平底鍋熱鍋後，加入少量酪梨油，將調製好的麵糊加入、鋪平，以中小火慢煎。
4. 翻面後再煎 2~3 分鐘即完成。

低醣小餐包

低醣 / 生酮 / FMD 可食　　熱量：一顆約 250 大卡　（3～4 人份）

如果跟我一樣喜歡吃麵包的話，在飲食控制後一定會很想念麵包的口感以及搭配性。大部分麵包成分都是高油又高糖，所以就算熱量不高，吃起來也會非常容易胖。如果早餐還是想要搭個小餐包，或偶爾想要自製漢堡的話，可以試試看這款低醣小餐包喔！

材料

杏仁粉 / 170g	洋車前子粉 / 30g	鹽 / 1 匙
無鋁泡打粉 / 5g	甜菊糖液 / 少許	白醋 / 10g
蛋白 / 3 顆	溫水 / 140g	

做法

1. 將所有乾粉材料（杏仁粉、洋車前子粉、鹽、無鋁泡打粉）混合均勻。
2. 加入甜菊糖液與白醋攪拌均勻，再加入蛋白攪拌均勻。
3. 麵團變得較為黏稠後，再加入溫水攪拌均勻，放置大約 5~10 分鐘。
4. 捏成約拳頭大小的圓形，放入氣炸鍋 180 度烘烤 30 分鐘即完成。

TIP

杏仁粉也可以替換成椰子細粉或黃金亞麻籽粉，但口味會稍微有點不同，以杏仁粉配方烘烤出來的小餐包口感會比較扎實，也可以加入藍莓或乳酪，捏成比較扁的圓形，烤成藍莓或乳酪司康。

黃豆與各種豆製品，讓作弊料理完全不無聊！

說到黃豆與豆製品，一般大家比較熟悉的就是豆腐、豆漿、豆皮等等，這些食材本身就有很多變化，價格還非常親民，其實還有更多黃豆製品，會是作弊料理中必備的優良高蛋白低熱量來源，一起來了解吧！

▲豆腐

在本書食譜中大部分使用的是板豆腐（傳統豆腐），因為板豆腐水分較少，能做出的變化更多，而且 100 公克的板豆腐，熱量才 87 大卡，卻含有 8.5 公克的蛋白質。其他豆腐種類像嫩豆腐、凍豆腐、雞蛋豆腐也都是不錯的選擇，但絕對要注意的 NG 食材是百頁豆腐，百頁豆腐是由濃縮豆漿還原加上大量油脂製成，所以熱量跟含油量都比一般豆腐要高許多。

▲豆漿

在我們第一個作弊料理食譜裡，就使用了豆漿來製作偽濃湯，一瓶 400ml 的豆漿熱量大約 150 大卡，卻含有 13.5 公克的蛋白質，而且不像鮮奶還含有乳糖，所以是很多健身的人重量訓練後補充蛋白質的首選。

▲千張

千張其實就是薄豆皮，一片千張大約 40 大卡，比起傳統餅皮熱量低了許多，含醣量也低許多，這幾年成為許多人取代傳統餅皮、水餃皮的熱門選擇。比起在實體通路尋尋覓覓，不如直接上網訂購比較快，市面上有販售各種尺寸跟數量，因為是乾燥豆皮，只要冰在冰箱就很好保存。

▲豆渣

豆渣其實是製作豆漿或豆腐濾漿後剩下的黃豆殘渣，一般不會拿來食用，但豆渣的高纖維、高粗蛋白、低脂肪又低熱量，料理時妥善利用的話，不僅能增加飽足感，還能攝取足量營養。可以自己製作豆漿藉此得到豆渣，就算沒有豆漿機，有果汁機或料理攪拌棒也能製作，如果真的不擅長下廚或沒有工具，可以直接去豆漿店、豆腐店跟店家購買。

雖然黃豆製品大部分有高蛋白、低脂肪、低熱量的特性，但也有少部分熱量是比較高的，大家在選擇食材的時候也要多加注意。除此之外，黃豆製品吃多容易有脹氣的狀況，若是腸胃狀況比較不好，也要留意是否攝取過量。

豆腐鑲肉

低油 / 低醣 / 生酮可食　熱量：約480大卡（1人份240大卡）（2人份）

豆腐鑲肉其實就是一般的家常菜，但因為這是客家老祖宗的智慧，身為客家人的我一定要放在食譜中。想吃點肉又沒預算放太多肉，那就用豆腐鑲肉來增加飽足感吧！不僅省錢還減低熱量跟油脂攝取，簡直就是一舉兩得的超值減肥菜色。

材料

| 板豆腐 / 1塊 | 豬絞肉 / 少量 | 醬油 / 2匙 |
| 蔥末 / 酌量 | 蒜末 / 酌量 | 白胡椒 / 酌量 |

做法

1. 先將豆腐切成方形，用湯匙將中間的豆腐挖到碗裡備用。
2. 將絞肉與挖出的板豆腐混合均勻，可加入少量白胡椒提味。
3. 將混合後的絞肉跟豆腐塑型成圓形，放回方形豆腐的凹洞中。
4. 加上2匙醬油，放入電鍋蒸熟，起鍋前灑上蔥蒜末即可。

TIP

這道料理平常是下飯菜，但豆腐本身其實沒什麼味道，所以口味調整得當的話，是可以不配飯直接食用的，或是也可以搭配喜歡的燙青菜一起吃，就不至於吃下太多精製碳水。

氣炸雞肉豆腐小雞塊

低醣 / 生酮可食　熱量：約 840 大卡（1 人份約 210 大卡）（4 人份）

吃膩了平凡無奇的水煮雞胸肉、乾煎雞胸肉、舒肥雞胸肉？那來點雞肉豆腐小雞塊好嗎？既可以利用蛋白質含量高的雞肉跟豆腐降低熱量攝取，又能滿足想吃速食店雞塊的欲望！

材料

去骨去皮雞胸肉 / 1 片　　　　去骨去皮雞腿肉 / 1 片
板豆腐 / 1 塊　　　　　　　　洋車前子殼粉 / 10g
黑胡椒 / 酌量　　　　　　　　日式鰹魚醬油 / 40ml

做法

1. 將雞胸肉與雞腿肉切塊後，放入食物調理機打碎。
2. 將板豆腐放在鍋子或碗公中捏碎，放入絞碎的雞胸、雞腿肉，以及調味料與洋車前子粉。
3. 將上述材料攪拌均勻，用保鮮膜包起，放進冰箱冷藏 2 小時。
4. 冷藏入味後取出塑形，稍微用力摔口感更扎實。
5. 不需噴油，放入氣炸鍋，設定 150 度 12 分鐘，翻面後再設定 200 度 5 分鐘即完成。

TIP

這道算是我的得意之作，板豆腐氣炸後會變得有點酥脆感，會有種裹上麵皮酥炸的錯覺，但配方中的雞腿肉是必要的，如果只有雞胸與板豆腐混合，口感會過度乾柴。此外，也可以捏成較大尺寸，當作漢堡排食用。

豆腐脆片

低油／低醣／生酮可食　熱量：約 352 大卡　　　　　　（1 人份）

不知道有沒有人跟我一樣，對於酥脆的口感超級迷戀？

迷戀到需要戒斷的地步。有時候明明吃飽了，就是想吃點洋芋片、玉米片，
滿足自己的口腹之慾。

其實利用傳統的板豆腐，也能做出口感酥脆又低油低醣的豆腐脆片喔！

材料　板豆腐／1 塊　　　鹽／1 匙　　　蒜粉／1.5 匙
黑胡椒／1 匙

做法　1. 將板豆腐擠乾水分並弄碎，再加入各種調味料拌勻。

　　　2. 在盤子上鋪一張烘焙紙，將豆腐泥盡量鋪薄、鋪平在烘焙紙上。

　　　3. 放入微波爐以 600W 微波烘 15 分鐘，再掰成小塊即完成。

TIP

這道料理用烤箱或氣炸鍋也能製作，但花費的時間會更長，做出來的成品也
沒有那麼酥脆，所以還是建議使用微波爐料理喔！

起司橫流漢堡排烤蛋

低醣 / 生酮可食　熱量：918 大卡（1 人份約 459 大卡）（2 人份）

不僅想要吃肉汁充滿的鮮嫩漢堡排，還想要在上面鋪滿起司，讓起司跟肉汁一起橫流。利用豆腐降低肉量也降低熱量，享用一頓起司橫流的漢堡排烤蛋吧！

材料

豬絞肉 / 200g	板豆腐 / 半塊	日式鰹魚醬油 / 20ml
黑胡椒粉 / 酌量	洋車前子殼粉 / 5g	起司 / 2 片
雞蛋 / 1 顆	酪梨油 / 酌量	

做法

1. 將板豆腐弄碎與豬絞肉混合，加入洋車前子殼粉、日式鰹魚醬油、胡椒粉混合均勻。
2. 用保鮮膜包起，放進冰箱冷藏大約 2 小時入味。
3. 把一片起司片分成 4~6 塊，再將絞肉取出塑形，包入起司片，稍微用力摔口感會更扎實。
4. 熱鍋後加入少量酪梨油，把塑型好的漢堡排放進平底鍋兩煎熟。
5. 把雞蛋的蛋白跟蛋黃分開，往平底鍋底倒入蛋白煎，漢堡排淋上蛋黃。
6. 在漢堡排上方放上另一片撕開的起司，蓋上蓋子悶熟即可起鍋。

TIP

如果家裡有可進烤箱烹調的鍋具，從步驟 5 以後可以替換成用烤箱或氣炸鍋烹調，吃起來的口感不太一樣，肉汁會更加豐沛。

千張蝦仁鍋貼

低油／低醣／生酮可食　熱量：436 大卡　　　　　（1 人份）

可以不吃白飯、不吃麵，但有時候就是很想吃水餃、煎餃、鍋貼、餛飩！如果真的在執行嚴格的飲食計畫，就讓千張鍋貼來完成你的美食之夢吧！

材料　蝦仁／200g　　板豆腐／半塊　　　香菜／酌量　　鹽／半匙

　　　　高湯粉／半匙　　白胡椒／酌量　　　千張／3 片

做法　1. 將蝦仁與香菜放進食物調理機打成泥，與板豆腐混合均勻。

　　　　2. 拌入鹽、高湯粉與白胡椒混合均勻。

　　　　3. 將千張對切再對切，裁成大約 12×12cm 的大小。

　　　　4. 包入調好的蝦仁豆腐泥，封口處用一點蝦泥黏合。

　　　　5. 放進氣炸鍋設定 150 度 12 分鐘烘烤，翻面後再設定 200 度 5 分鐘即完成。

TIP

同樣的配方換成不同包法也能做出水餃、餛飩，內餡更可以依照自己的喜好替換，食譜中教學鍋貼是因為鍋貼的形狀是我試過最好包、最不耗時也最不會散掉的，如果是初次挑戰，建議從鍋貼開始喔！

千張泡菜起司牛肉卷

低醣／生酮可食　熱量：526 大卡（1 人份約 263 大卡）　（2 人份）

偶爾去美式賣場，看到別人在吃牛肉卷、雞肉卷，突然覺得也好想吃。或是聽說某披薩連鎖店的泡菜牛肉卷很好吃，也會覺得自己心癢癢。那就利用千張，自己做出減醣減卡的牛肉卷、雞肉卷吧！

材料

梅花牛肉片／1 盒　　韓式泡菜／1 匙　　白胡椒／酌量

焗烤起司絲／酌量　　千張／2 片

做法

1. 將梅花牛肉片、韓式泡菜切成好入口的大小，混合均勻。
2. 加入白胡椒、焗烤起司絲混合均勻。
3. 用千張將混合好的餡料捲起來，包好。
4. 放進氣炸鍋設定 150 度 12 分鐘烘烤，翻面後再烤 6~8 分鐘。
5. 最後再設定 200 度 5 分鐘把表面烤酥即完成。

TIP

選用梅花牛肉片（或肩里肌、板腱）是因為熱量較低。同樣的料理方式，也可以替換內餡做成起司雞肉卷、蝦仁豆腐卷等等，如果沒有烤箱或氣炸鍋的人，可以用平底鍋煎，但成品的酥脆度就不會像烘烤的那麼好。

低醣豆渣吐司

低醣 / 生酮可食　熱量：1763 大卡（每片約 110 大卡）

（一整條吐司，約 12 ～ 16 人份）

在前面已經認識了杏仁粉、椰子細粉等等低醣烘焙粉。但又發現它們油量、熱量超級高，以至於想做低醣麵包又覺得有點卻步。沒關係，加入高粗蛋白、高纖維的豆渣，來一個華麗逆襲吧！

 材料

烘焙用杏仁粉 / 225g

無鋁泡打粉 / 4 茶匙

鹽 / 半匙

無糖豆漿 / 250ml

乾豆渣 225g（或濕豆渣 / 700g）

洋車前子粉 / 少許

蛋白 / 8 個

甜菊糖液 / 少量

做法

1. 將所有乾粉類材料加上濕豆渣混合均勻。

2. 再依序加入蛋白、無糖豆漿以及甜菊糖液，充分攪拌成黏稠狀，不可太水。

3. 所有材料混合均勻後，放進 12 兩的吐司模，放進去的時候記得往下將空氣壓出來，這樣烤出來比較不會有裂痕。

4. 放進烤箱內，設定 190 度，45 分鐘（在這之前先空箱預熱 190 度，5 分鐘）。

5. 將烤模轉向，再烤 190 度，35 分鐘。

6. 烤好後輕輕搖晃烤模，把吐司取出，在網架上放涼即完成。

TIP

如果真的覺得杏仁粉等低醣粉類熱量太高，也可以在做一般麵粉製吐司的時候，將一半的麵粉替換成豆渣，一樣可以降低醣分攝取。前面教的低醣餐包也可以運用同樣的方法，將一半的粉替換為豆渣，降低熱量。

認識各種調味料、天然代糖、零卡食材，
做出作弊甜點跟飲料。

　　我個人是喜歡鹹食的那派，比起鹹味又更愛吃辣，所以戒甜食、戒糖對我來說並不是那麼困難的事情，因為本來就很少吃甜點，也算是我減肥人生中少數慶幸的事，但年輕的時候每天都至少要喝一兩瓶飲料，比起甜點，倒是花了不少力氣戒飲料。

　　不過許多網友都跟我哀號，戒甜點、戒飲料實在太困難了，所以在這邊也準備了飲料、甜點作弊食譜，在此之前，先來認識一些必備的作弊食材：

▲氣泡水

在完全不添加糖、香料的情況下，氣泡水本身是完全零熱量的，喝起來也很能增加飽足感，除了拿來單喝、調製飲料以外，我也會在醃製雞胸肉，或是滷肉、煮牛肉湯的時候加入一點點，可以讓肉質更加軟嫩，又不會額外增加熱量。如果使用頻率高的話，建議直接購買家用氣泡水機，較為節省也較為環保。

▲果醋

這邊果醋是指未稀釋的果醋，雖然每 100ml 可能有個 200 多大卡，但用量極省，每次使用量大概 30~50ml，所以頂多額外攝取 60~100 大卡，算是低卡飲料、低卡沙拉醬的優良選擇。

▲甜菊葉

甜菊葉是一種原生於南美的植物，葉片的甜度是糖的 200~300 倍，幾乎沒有熱量，所以可以做為天然代糖使用，市面上有販售調好的甜菊糖或糖液。但據說甜菊糖的製造過程相當繁瑣且不環保，再加上市面上有許多甜菊糖是以少量甜菊糖加上大量赤藻糖醇魚目混珠，所以我是自己在中藥行訂甜菊葉自己煮糖漿備用（迪化街的乾貨店應該也會有賣），一點點葉子就可以煮一大鍋，裝罐後冰在冰箱裡備用，可以用很久。

不過要特別提醒的是，雖然甜菊葉煮出來的糖液是完全天然的代糖，但味道完全跟化學代糖一模一樣，少量使用還好，大量使用就會有明顯代糖味，如果不喜歡化學代糖味的人，可能就要斟酌使用。

▲羅漢果糖

羅漢果糖也是一種天然、零卡路里的代糖，原料就是藥材中常見的羅漢果。由於它的甜味不是來自於果糖或葡萄糖，而是羅漢果萃取物這個抗氧化劑，羅漢果萃取物的甜度是一般糖的 100 倍 ~250 倍，所以在極少

的使用量之下，才會沒有熱量。

一般市面上的羅漢果糖都是已經調配好比例的了，所以使用量就跟一般砂糖一樣，不需要因為甜度超量而小心使用。

▲赤藻醣醇

赤藻糖醇算是目前市面上減醣、低醣食品使用最廣泛的代糖，在市面上許多甜菊糖、羅漢果糖中，也有混合赤藻糖醇，但因為是由玉米澱粉萃取的葡萄糖發酵製成，所以有些飲食法禁止使用。

▲奇亞籽

奇亞籽是一種不含麩質的植物性蛋白質，富含膳食纖維、Omega-3、抗氧化劑、鈣，而且是低升醣值（低 GI）的食物，跟洋車前子殼粉一樣，有吸水後膨脹的特性，所以也能增加飽足感，並幫助消化、改善便秘。吸水後 QQ 的口感，剛好可以取代山粉圓這類有點嚼勁的配料。

▲椰奶

椰奶雖然油脂含量高、熱量高，但因為營養豐富又含有 MCT（中鏈甘油三酯），能增加能量消耗，所以反而是飲食控制期間好的脂肪來源，再加上高脂肪帶來的飽足感，只要攝取一點點，就能夠撐很久。

蘋果醋氣泡飲

低油／低醣可食　熱量：60 大卡 （1 人份）

夏天非常非常炎熱的時候，一定會有一兩天想要喝點冰冰涼涼的汽水、飲料。這個時候我就會利用果醋跟氣泡水，調出酸甜好喝又有點刺激感的氣泡飲。熱量才 60 大卡，比起一杯要 600 大卡的手搖飲，不如自己調配果醋氣泡飲吧！

材料　氣泡水／300ml　　　　**做法**　將蘋果醋倒入杯中，加入冰過的氣
　　　　蘋果醋／30ml　　　　　　　　　泡水即完成。

TIP　果醋氣泡飲做法簡單，而且各種果醋都可以使用，只要是含糖且未稀釋的就沒問題，如果想要增加一點口感，也可以加入少量奇亞籽。蘋果醋做出來會像是「大人的蘋果西打」，酸酸甜甜又有蘋果香，非常好喝。

奇亞籽椰奶西米露

低醣／生酮／FMD 可食　熱量：約 178 大卡 （1 人份）

如果喜歡濃郁口感的甜湯，利用作弊食材也能做出有飽足感又不易胖的西米露。高蛋白、高纖維、高脂卻低醣，比起一般西米露，可以大大減少醣類攝取喔！

材料　純椰奶／60ml　　　水／200ml
　　　　奇亞籽／1 匙　　　　羅漢果糖／2 匙

做法　1. 將椰奶倒入碗中，並加入 200ml 的水稀釋。
　　　　2. 加入羅漢果糖、奇亞籽攪拌均勻，靜待 5~10 分鐘奇亞籽膨脹後即可食用。

TIP　如果買到的椰奶純度夠高，天氣冷的時候椰奶是會結塊的，建議挖出來後先用微波爐小火加熱，再加上水以及其他材料。

減卡肉桂卷

低醣可食　熱量：453 大卡（1 人份約 227 大卡）　　　　（2 人份）

最後一道料理算是集本書食譜的大成，會利用到前面教過的許多作弊食材。
既然許多人為肉桂卷而瘋狂，我們也來試試減卡的肉桂卷吧！

材料

麵粉 / 75g　　　　　乾豆渣 / 75g　　　　冷開水 / 酌量
速發酵母粉 / 少量　　肉桂粉 / 5g　　　　羅漢果糖 / 17g
奶油 / 17g

做法

1. 將麵粉與乾豆渣在鍋子內混合均勻，溫水化開酵母粉後加入其中。
2. 少量緩慢地加入冷開水，一邊揉捏混合麵團，直到有彈性且不沾鍋子邊緣。
3. 將麵糰放在砧板上，發酵大約 1 小時。
4. 將奶油、肉桂粉、羅漢果糖放入碗中，進微波爐 600W30 秒融化，攪拌均勻後備用。
5. 將麵團分成兩塊，擀成長條型，抹上肉桂奶油抹醬後捲起。
6. 在烤盤上鋪上烘焙紙，進烤箱烘烤 180 度 20-30 分鐘即完成。

TIP

其實肉桂粉本身香氣足夠也沒什麼熱量，大部份肉桂卷的熱量來自於麵粉、奶油以及糖漿，還有許多加在麵團內的奶油、鮮奶跟糖。所以在這個食譜中我將一半麵粉以豆渣取代，並簡化麵團本身的成分，再用羅漢果糖取代一般砂糖，藉此降低熱量以及含醣量，希望喜歡甜食的妳能吃得開心。

5

最舒適的狀態
找到自己微胖得

其實在看完我近幾年的運動習慣、對於飲食的認識以後，妳會發現我還是對自己有一定程度的自律，只是我不再要求自己要瘦到 48 公斤，也不再害怕自己會無止盡發胖。

現在我研究食物、注重營養價值，是為了確實了解自己吃了什麼、攝取了什麼對身體有益的成分，而不是為了盡可能壓低熱量，卻吃進一些毫無養分的東西。維持每週運動習慣是為了讓身體更強健、線條更好看，而不是為了讓自己能夠瘦得像皮包骨。

當然，偶爾想吃一些高熱量、重口味食物的時候，我也還是會放膽去吃，想吃麻辣鍋就吃、想吃披薩就吃、想吃鹹酥雞就吃，只要知道自己在吃什麼，而不是每天

毫無意識地吃進一堆垃圾食物，不僅體重直線上升，還搞壞身體。今天吃得過量，隔天量體重知道不妙的時候，接下來的幾天就利用高蛋白、高纖維、低熱量的食材讓自己「校正回歸」。

寫書的這個當下我 70 公斤，跟過去的理想體重相差十萬八千里，但妳知道嗎？ 53 公斤的我覺得自己還不夠瘦、要再減肥，大腿很粗、臉卻很凹，一點也不好看，每天活在絕望之中。可是現在 70 公斤的我卻覺得自己肉得剛剛好，容光煥發，腿一樣很粗，卻粗得很有魅力。

我的意思是，每個人都會有自己覺得最舒適、最剛好、最順眼的狀態！比起跟著社會標準，盲目設定根本不適合妳的目標，不如找到身心都健康、愉快的生活模式。

也許 88 公斤的妳肉得很有活力，也許 56 公斤的妳穠纖合度，也許 72 公斤的妳微胖還是超美！不是每個人都要逼自己瘦到 48 公斤、43 公斤、38 公斤，因為每一個人，都有自己不同的魅力之處。

善用心機，
讓自己肉得更美

曾有網友問我：「要怎麼找到自信？」當時
我給她的回答是：「首先，妳要停止問別人
這樣的問題，因為自信是自己給自己的，不
是別人給妳的。」像這樣的問題，我大概每
個月都會收到一次，看來自信心不足的人比
我想像的更多。

但自信心這種東西，也不是種下去澆水晒太
陽，過幾天就會長出來的。但我至少可以教
妳善用心機、教妳怎樣肉得更美。

1

掌握微胖顯瘦穿搭

依照身形優勢，

前一章已經教過大家判斷身形的方法，希望看到這裡還記得在三大分類之中，自己分別屬於怎樣的身形。也請記得，每一種身形都有自己的優缺點，不是只有缺點。過去在撰寫顯瘦穿搭時，總有些只會說風涼話的直男留言：「什麼顯瘦穿搭？減肥不是比較快嗎？」只能說社會的價值觀並沒有對這些人造成太大的心理陰影，但他們卻四處造成別人的心理陰影。世界上有太多男性希望所有生理女性都有完美身材：四肢纖細、胸部豐滿、臀部挺翹、小腹平坦、腰線明顯……等，他們卻從未檢視自己的身體又是什麼樣的狀態。

又有太多的女性，早已習慣被這些人打分數、品頭論足，認為自己就該無止盡地努力，好變成社會上（父權觀點的）完美

女性。但事實上是，無論再瘦的女生，身材上一定有一些自己認為「顯胖」甚至是「顯壯」的缺點。無論身材再怎麼完美的人，她也一定有些小肉肉是自己永遠看不順眼的。這也是為什麼我們需要研究「顯瘦」穿搭，讓自己看得更愉快，而不是讓其他根本沒為自己努力過的人，來評斷妳是否應該繼續減肥。

不分身形的顯瘦穿搭技巧

這裡要介紹一些不分身形，各種身材都能嘗試的顯瘦穿搭技巧，如果妳覺得還是無法確切判別自己的身形，不如從這些技巧開始調整自己怎麼看都不順眼的顯胖搭配。

淺色衣服怕顯胖？膨脹色就要外搭收縮色！

不知道大家有沒有這樣的經驗？在網拍上看到白色洋裝或白色上衣，覺得好夢幻、好仙、好簡約、好好看！結果收到貨以後一穿上去，發現自己像是身懷六甲，超顯孕味，或是壯得像一頭巨大的北極熊。（以上都是我自己的心聲，請不要對號入

座。）在不挑版型的前提下，白色、明亮的粉色調、螢光色等等，都是會讓體積看起來變大的膨脹色。相對地，黑色、酒紅色、藏藍色等顏色，都是會讓體積看起來變小的收縮色。所以一般說到顯瘦，都會直覺想到深色服裝，也是因為收縮色會讓體積看起來變小的關係。也許有人會問：「拿夢幻的白洋裝搭配黑色，不是很奇怪嗎？」我在自己部落格的色彩學文章中講過一個觀念，不管在彩妝、穿搭，甚至是繪畫方面，這個觀念都是絕對適用的，就是──色彩是一種比較級。對於白色來說，黑色是收縮色，淺灰色也是收縮色，焦糖色是收縮色、牛仔外套的淺藍色也是收縮色；但對於黑色來說，白色是膨脹色、螢光黃是膨脹色，甚至鐵灰色、焦糖色都是膨脹色。所以簡單說，只要外搭一件比裡面那件衣服顏色稍微深一點點的外套、罩衫，就能解決這個狀況。在白色襯衫外面，可以搭配一件米色或淺灰色的罩衫，光是這樣，視覺上就會有差。在白色洋裝外，也可以搭配酒紅色的罩衫或牛仔外套。即使在冬天的白色厚重帽 T 外面，也可以搭配黑色、深灰色、深藍色的外套，搭配版型硬挺的款式，修飾效果更好。

加上收縮色，淺色衣服的膨脹感就能降低。

手臂肉肉不敢穿背心？副乳遮住就顯瘦！

很多女生認為自己手臂肉肉的、蝴蝶袖明顯，因此不敢穿背心、穿無袖，認為只要露出手臂，就會要了自己的命。

但就我觀察，會說自己手臂肉的人，有滿大部分真正胖的地方不在手臂，甚至屬於四肢細體型，只是可能剛好胖在上半身又缺乏鍛鍊，的確看起來不是那麼緊實。重訓兩年的經驗也讓我了解，對大部分女生來說，手臂真的是全身上下最難鍛鍊的地方，除非天生手臂的脂肪囤積非常非常少。

但是，妳手臂的胖不是胖，真的讓妳手臂顯胖的，其實是萬惡的副乳。再瘦的女生，多多少少都會有一些副乳問題，除非從剛開始發育就穿著包覆性極強的內衣，或是天生麗質剛好就是不長副乳，但我想這真的是極少數。之前還曾在健身社團看到健身新手問，要怎麼練才能消副乳。但只要同為女性健身者，都知道副乳就是一個無解難題，來自女性的回應就比較少。結果底下充滿一堆人生根本沒有長過副乳的男性在指手畫腳，要人家練伏地挺身、練胸推（有些留言尺度甚至已經是騷

一樣穿背心，有沒有遮住副乳，視覺感馬上差5公斤。

擾邊緣，看了真的很反胃），但這些練得到的部位全都不是副乳啊！正因為副乳是如此難纏的存在，我們除了強健體魄祈禱它能順便變小，最好的方式就是把它遮起來，眼不見為淨了。

同樣是寬肩帶的背心，只要副乳遮起來，就會顯得上半身纖細許多。無袖的款式也一樣，其實就是袖口剪裁的一點點差異，穿起來就能決定是顯瘦還是顯胖。就算是細肩帶的背心，腋下脅邊這個位置的包覆程度，也會決定顯瘦度。

上寬下窄 vs 上窄下寬

其實我覺得這個分類的顯瘦穿搭是最簡單、最不需要技巧的，基本上就是寬的地方穿得寬鬆、瘦的地方穿得合身（搞得我很像在講廢話）。如果比較在意自己的上半身，卻有一雙纖細長腿，那麼穿上有點蓬鬆感或是寬鬆的淺色上衣，露出一點點肩膀線條，搭配合身的牛仔緊身褲或是牛仔短褲，只要配上短靴或涼鞋，就是最能顯現妳身形優點的定番穿搭。

如果妳跟我一樣在意自己的下半身，但相對來說，上半身骨

架比較小的話，不如穿件合身的上衣，凸顯自己較為纖細的地方，下半身搭配長裙或是寬褲，就是最輕鬆的穿搭方式。

這樣的大原則是不太會改變的，只是有可能因為另外兩個分類，有一些小細節需要調整而已。但如果妳自認為是上下半身比例接近的 I 字型身材的話，可能就要參考底下另外兩個分類的穿搭重點。

圓身 vs 扁身

圓身與扁身之間也有許多的眉眉角角，圓身覺得自己怎麼穿都是厚片吐司，扁身則是覺得自己沒有線條，側面一片扁平。

前面有說過，圓身扁身其實在品牌挑選方面非常重要，從版型開始就有差異，但如果不挑品牌，又應該要怎麼組合，才能穿出最修飾的搭配呢？

肩線合身 vs 落肩設計

圓身的人常常在意自己肩膀手臂看起來圓圓肉肉厚厚的，但扁身的人又常覺得自己的肩膀正面骨架看起來比較寬。所以在

選擇上衣、外套的時候，肩線的設計就變成一大重點！

圓身的人肩膀較窄，但側面較厚，穿上肩線合身的上衣，就能夠修飾偏圓偏肉的肩膀，讓肩膀線條看起來比較俐落，同時保留自己肩膀較窄的視覺優勢。

扁身的人側面較薄，但正面肩膀較寬，相對來說肩膀線條會比較明顯，有些人會不喜歡，這種時候可以選擇落肩設計的服裝，視覺上會讓人認為是因為服裝設計，所以看起來肩膀比較寬，而不是肩膀本身就寬。但不管是圓身還是扁身，小露香肩的斜肩設計都是沒問題的，都能夠修飾肩膀線條。

硬挺 vs 柔軟

圓身與扁身，在衣服質料選擇上也有很多學問。當我還是個美術系大學生的時候，森林系的打扮正流行，無印良品那種舒適柔軟寬鬆的風格也大受歡迎，為了更符合美術系感，我也曾試穿過這類型的服裝，沒想到穿上去不但沒有文青少女感，還一秒變大嬸。我才知道，圓身的人真的不能穿質料太柔軟的衣

合肩襯衫   落肩襯衫

#為了讓大家能更明顯看出差異，插畫比例上故意畫得比較懸殊

服！當然這邊的柔軟並不是指彈性、貼身布料的那種柔軟，而是在棉麻材質、雪紡材質、西裝布材質之中，也有偏薄、偏軟的，跟偏厚、偏硬挺的。

建議圓身的人選擇這些材質之中偏厚、偏硬挺的質料，因為圓身人會給人一種「身上覆蓋著比較多肉」的錯覺（雖然實際上可能沒有），所以如果衣服、褲子的材質太過柔軟，會更顯得膨脹，無法修飾身形上的各種圓角。尤其在選擇西裝褲、牛仔褲、襯衫等單品的時候更是，如果西裝褲、襯衫材質不夠硬挺，不只顯胖，還會顯得比較邋遢。

但扁身的人的困擾往往是撐不起衣服、側面看起來超級瘦，或是覺得自己的「骨頭線條」比較明顯等等，利用材質比較軟的衣服去製造膨脹感，增加身體的分量，並利用這樣的材質，削弱骨架明顯的缺點。

不過前提還是妳在意這些細節，才會需要運用服裝修飾線條，不然其實還是愛穿什麼就穿什麼，別人管不著的。

合身 vs 寬鬆

我有一個大學同學屬於胖在上半身的類型，以前我總是認為，她只要用與我相反的方式去搭配服裝，應該就能夠修飾自己的身材，但在幾次諮詢（？）之後，又覺得這樣好像行不通。

後來才發現，她雖然胖在上半身，卻跟我一樣是圓身，所以不能用胖在上半身＝肩膀寬這點去思考，而是要考慮到側面較厚這件事。

在這個項目基本上是討論上半身而已，先不考慮下半身，下半身還是要以各位是胖是瘦為前提去搭配。

只要妳是圓身、側面比較厚，就比較適合相對來說合身的上半身單品。只要妳是扁身、側面比較薄，就比較適合「側面」較為寬鬆的上半身單品，正面還是可以以落肩去做選擇。

但同樣的，這跟個人喜好也有很大的關係，在這邊只是提供經驗給大家參考而已。我也認識一個扁身的學妹（而且胸部還很大），就喜歡穿超貼身的短版背心；也有認識一個圓身的朋友，很喜歡穿 oversize 的 T-Shirt，她們一樣都可以駕馭得很好。

胖在四肢 vs 胖在軀幹

其實大部分的穿搭學問，都存在這個分類裡面，掌握這個分類的顯瘦穿搭技巧，修飾身形的功力就能更上一層樓，以後買網拍無往不利（除非網拍照片上的版型是用夾子夾出來的，那我就幫不了妳了）。

胖在四肢的人，就恨自己腿粗手臂又粗，夏天也要穿外套長褲包緊緊；胖在軀幹的人，就恨自己怎麼練也沒有明顯線條，一胖又立刻胖在肚子。

而且很不巧的，無論是妳是胖在四肢還是胖在軀幹，只要妳是胖在下半身，屁股一定大（攤手），這就又要回到胖上半身、胖下半身的原則去檢視了。

合身彈性 vs 硬挺直筒

在選擇基本款 T-shirt 的時候，妳有沒有思考過，自己適合什麼樣的版型呢？

其實 T-Shirt 版型的挑選，跟妳胖在四肢還是胖在軀幹有最大的關係，跟妳是圓身扁身、胖上身還是胖下身反而沒有那麼大的關係。

年紀比較小的時候，買 T-shirt 都是看圖案，不會考慮版型，但一穿就發現真的很奇怪，有些穿起來就是顯得超級瘦，有些穿起來又好像自己莫名多了 5 公斤，隨著年紀增長、閱人無數（前面說我走在路上都在掃描別人身體結構不是開玩笑的），才發現重點就在四肢與軀幹的比例。

我知道，很多胖在四肢的人會誤認為自己全身都胖得要命，因為我們的四肢粗壯起來真的非同小可！

但我們還是有優點的，就是腰線比較明顯、上腹比較不會囤積脂肪，所以說，在挑選 T-shirt 的時候，記得挑選彈性較好、較合身的款式，把腰部線條顯現出來，凸顯全身最瘦的地方，穿起來才會顯瘦。

如果介意手臂的話，再搭個外套或選擇五分袖、七分袖的款式，總之千萬不要選擇直筒、硬挺版型的 T-Shirt，一旦腰線不

見了，視覺上就是會胖個好幾公斤。

　　如果是胖在軀幹的人，最在意的就是怎麼瘦都瘦不下來的腰線，還有一不小心就會囤積脂肪的小腹，選擇 T-Shirt 的時候，最好選擇布料硬挺，比較直筒的版型（其實就是市面上大部分圖案 T 的版型），就可以遮住妳們在意的腰線跟肚肚，而且這種版型的袖子通常還偏大，可以在袖子的空隙中露出妳們纖細的手臂。

超短版 vs 中短版

　　如果要更進一步分析比較極端的 T-Shirt 版型的話，也是有學問的。以短版 T-shirt 來說，版型買對買錯，也是一秒就上天堂下地獄。

　　胖在四肢的人，軀幹相對瘦，優勢就是不容易在腰部、上腹囤積脂肪，所以拜託妳，買短版的時候，不管寬鬆還是合身，都給我買到肚臍以上腰線左右的短度，只要不會露出南半球就一切 OK，露出妳明顯的腰線與上腹線條！

四肢胖搭超短版　　　　軀幹胖搭中短版

#為了讓大家能更明顯看出差異，插畫比例上故意畫得比較懸殊

不喜歡超緊身款式的話，現在也有許多下擺寬鬆的短版上衣，只要內搭一件小可愛，就不怕曝光。

　　胖在軀幹的人，四肢相對瘦，其實妳們四肢的纖細度對我們胖四肢的人來說，根本就是開外掛等級，就算在意腰線、在意小腹，只要稍加修飾、挑對版型，一樣可以穿短版穿得很好看。

　　但是妳們要選擇的，是稍長一點點的中短版，介於一般版型與超短版之間，大約可以蓋到肚臍上方兩公分，卻不蓋到肚臍。

　　如果妳的小腹剛好很爭氣、肚臍很漂亮，就大方地露出來！如果小腹周邊有點小肉肉，就搭配比較高腰的下半身稍微蓋住修飾一下。只要是這個長度的中短版，就能同時擁有短版的俏皮、休閒感，又可以修飾腰線，個人覺得避開過度合身的款式修飾度會比較好，直筒、寬鬆，甚至是下襬抓皺都沒問題。

合身長版 vs 寬鬆長版

　　長版上衣相對比較單純一些，四肢纖細、胖在軀幹的人穿寬

鬆長版、Oversize 就是率性好看又時髦，隨隨便便都可以穿得很街頭，同時還可以把腰線肚肉都遮起來；但如果是四肢粗、軀幹瘦的人，就只能穿合身長版，不然就會造成最胖的地方露出來，最瘦的地方卻顯得更胖的窘境。

腰線明顯 vs 抽繩寬鬆

在洋裝、連身褲的挑選上，也是有學問的，這樣的單品看似大同小異，但魔鬼藏在細節裡，穿起來顯不顯瘦、好不好看，都跟妳是胖在四肢還是軀幹有關係。

其實台灣還是四肢瘦、胖在軀幹的人居多，所以不管適合圓身還是適合扁身的商家推出的服裝，絕大部分都適合四肢瘦軀幹胖的人。

上半身、下半身單品可以分開選購，是不是適合各種身形的人就沒那麼嚴重，但講到洋裝、連身褲這種一件式穿搭，差一點點就可能差很多。四肢瘦、胖在軀幹的類型，市面上寬鬆、直筒的洋裝，妳們是一定都適合的，偶爾想製造出假腰線的

話，就可以選擇抽繩綁帶的款式，這種款式的腰線會比一般高腰線低一點，抽繩抓蓬後，就能製造出身體的曲線。四肢胖、軀幹較瘦的類型，就要選擇腰線剪裁極為合身，或是合身的彈性布料款式，把明顯的腰線凸顯出來。

同場加映，妳從沒想過的顯瘦穿搭！

除了以上各種修飾身材的顯瘦穿搭方式，還有一些是大家平常可能不會注意到的小細節。

前陣子與網友聊到，頭的尺寸與手腳的尺寸是一組的，頭大的人通常手腳也大、頭小的人通常手腳也小，後來跟精通藝用解剖學的 71 聊這件事，他也證實頭顱大小與手腳大小會成正比，而在頭大頭小、頭小腳小之中，也隱藏著一些穿搭玄機。

分量感鞋款，讓腿部更纖細

十七歲那年，我在一雙鞋只要 399 元的路邊攤買了人生中第

一雙高跟鞋，淺口圓頭、黑色麂皮布料、上面還有一個蝴蝶結，鞋跟大約 7 公分，回家馬上拿了最喜歡的一條短裙，對著鏡子試穿了起來。卻發現，為什麼大家穿了高跟鞋的腿都又細又長，我卻好像變成了豬蹄膀？

而各式各樣的馬汀靴、過膝靴、厚底鞋，卻怎麼穿怎麼搭，都能顯得腿型更直、線條更順眼。

原來是因為我的手腳在比例上太小，腳掌長度只有 23 公分，若不算胖起來的寬度，穿 23 號／ 36 號的鞋就可以了（因為胖起來腳板變寬，通常是穿 24 號微鬆），23 公分算在 150 幾公分的人身上可能剛好，但接在我 168 公分的身體上，就顯得有點太小了。

腳小的人穿上造型簡單的淺口圓頭鞋，會因為腳太小顯得腿更粗（我又胖在下半身＋胖在四肢），淺口圓頭高跟鞋更嚴重，因為視覺上的透視問題，腳的面積會變得更小，腿看起來根本粗出新紀錄。

所以，如果妳的腳比較小，又在意自己腿型的話，那麼挑選

平底、低跟鞋的時候，務必挑選方頭、尖頭款，會讓腳的面積看起來比較大，腿的比例看起來就不會那麼粗。

假如妳跟我一樣，喜歡偏中性的鞋款，像軍靴、長筒靴、膝上靴都是很好的選擇（如果覺得自己腿粗，就避開踝靴、短靴），近年流行的老爹鞋也是屬於分量感鞋款，對於修飾腳小與腿型也有很大的幫助。

比起跟鞋，厚底鞋會更適合妳。相反地，若是妳介意自己腳看起來太大，找平底鞋的時候就可以選擇淺口圓頭、細繩款等等，挑靴子的時候則是避開方頭、尖頭款，並選擇有跟或是內增高的款式，盡量不要挑選厚底款。

頭小或頭大？髮型也會成為顯瘦穿搭幫手

大家常常會思考臉大、臉小的問題，但不知道有沒有思考過頭大、頭小的問題？我從青少年時期就常被身邊的同學說：「妳的臉真的很小。」但其實我覺得自己只是臉型比較窄而已，臉並不是真的很小。

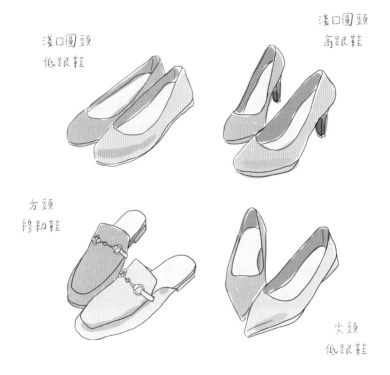

淺口圓頭
低跟鞋

淺口圓頭
高跟鞋

方頭
穆勒鞋

尖頭
低跟鞋

不過某次在直播時意外跟網友聊到頭圍問題，我就在化妝到一半的情況下拿起皮尺量頭圍，現場還剛好有家裡賣安全帽的網友認證：「妳頭圍 53.5 公分真的是超級小，這樣安全帽要買最小的或買兒童尺寸！」我才知道自己的頭真的算小。

　　但是……大家有所不知，頭小也不盡然就好，大學時期為了讓自己看起來更有型，我剪掉了高中三年努力留長的頭髮，變成了時尚的鮑伯頭，由於臉型瘦窄又長得比較有殺氣，當時一換髮型可以說是人人稱讚。

　　但我自己卻發現，明明臉型看起來更完美了，為什麼穿衣服看起來反而比以前更顯胖，這到底又是什麼巫術呢？原來，都是因為我頭太小。

　　本來我這顆頭接在 168 公分的身體上就有點嫌小了（大家可以先用 168 公分身高卻擁有 23 號的腳想像一下），在剪了短髮以後，減少了頭部的分量，讓頭看起來變得更小，所以……

　　身體就顯得比以往還要更大呀！在發現這一點之後，這十幾年來我就一直維持著至少在鎖骨長度的中長髮，大部分時候都

是過胸的長捲髮，就是因為我需要頭髮來幫我平衡一下頭跟身體的比例，增加頭部的分量感啊！

　　所以，反之亦然，如果妳頭大、手腳大，但偏偏身體骨架又很小，對於自己頭大這件事情一直很在意的話，跟長髮比起來，短髮是相對適合妳的，會讓妳的身材比例更加平衡；若是真的真的很喜歡長髮，那麼長直髮會比捲髮來得適合妳，或是綁起馬尾也是不錯的選擇喔！

2

讓五官更立體顯瘦

利用彩妝點綴，

　　既然腳掌跟頭顱都有顯瘦秘訣了，當然不能忽略彩妝這件重要的小事，妝化對了，整個人都能改頭換面，更何況是修飾臉型、立體顯瘦呢？

　　過去我也寫過各式各樣的彩妝教學，在書中特別整理一下，化對了就會顯瘦的重點妝容。

眉毛打造

　　說到臉部顯瘦，大家第一個應該會先想到修容，但其實眉毛存在與否，對於一個人全臉五官的影響才是最大的，眉毛畫得好，臉型就能調整得更好。

完整畫眉技巧

　　如果妳是天生有眉毛的人，那妳非常

幸運，要畫的步驟並不算多，用眉筆或眉粉把眉毛的縫隙填起來，再順一下眉型就可以了。

但假如妳跟我一樣，卸了妝就沒有眉毛的話，就算覺得麻煩，也務必試一次這樣完整的畫眉毛步驟，感覺一下眉毛畫得完整，全臉的妝容跟臉型會有什麼樣的變化。

STEP 1　先以顏色較深的眉筆，畫出眉尾外框，從眉峰較高的那一邊開始畫，再將另一邊的眉峰調整成相同高度。

STEP 2　再以顏色較淺的眉筆，畫出眉中～眉頭外框，並以淺色眉筆填色，眉頭不需填滿。

STEP 3　以接近淺色眉筆的眉粉色，從眉尾開始往眉頭填色暈染。

STEP 4　眉頭以淺棕色眼線液或是液態眉筆，畫出根根分明假眉頭（有眉頭可省略），並在眉尾再次勾勒加強銳利感。

STEP 5　以接近淺色眉筆顏色的染眉膏，逆刷在所有眉毛上，等乾後再順刷回來，調整眉毛顏色。

微 胖 生 存 學

BEFORE

AFTER

　　跟只是隨意用眉筆或眉粉畫上的眉毛比起來，以完整步驟畫出來的眉毛，會讓妝感更精緻，整個臉的完成度也更高，五官立體、集中了，臉型自然顯得更好看。

單用眉粉

單用眉筆

各臉型適合的眉型

不同的臉型也需要不同的眉型修飾，但因為眉型跟流行性、個人喜好有很大的關係，所以我只是根據擁有的知識，針對各臉型分析適合的眉型，執行與否還請自行評估囉。

長臉人因為要盡量壓縮臉部的縱長，所以相對比較適合平眉毛，避免高角度再去拉長臉部結構，如果有必要，甚至可以加粗眉毛，減少皮膚面積。雖然近幾年都流行平眉毛，但其實短臉人比較適合稍微有點角度的眉毛，不一定要拉出一個超高角度彎角，而是稍微拉開眉頭與眉峰的高度，為自己的臉部結構爭取一點空間。

臉部稜角多的人，在畫眉毛的時候線條可以盡量柔和，相對臉部稜角少的人，眉毛線條就能畫得銳利一點。

修容與打亮

對於修容，我想很多人是又愛又怕，雖然想要藉由修容修飾臉型，又怕修得不好整張臉髒掉，甚至變身白鼻心或是無臉

長型臉的眉型分析，左為平眉毛，右為有點角度的眉毛。
對長臉來說，平眉能縮短臉部比例。

短型臉的眉型分析，左為平眉毛，右為有點角度的眉毛。
對短臉來說，角度明顯的眉型較能拉長臉型。

男。但修容並不是只有歐美風重口味的修法，針對台灣人的膚色、臉型，其實也有自然又修飾的方法。

粉底修容

如果怕修容失手，最好的方式就是從粉底去做修容，不僅能做出自然的立體感，甚至能讓臉部與身體膚色的協調性更好。

STEP 1　先以接近身體膚色的色號（或是比臉深 1~2 階的色號），且遮瑕度較低的粉底全臉上妝。

STEP 2　再以比臉部膚色淺 1~2 階的色號，且遮瑕度較高的粉底，少量點在額頭中央、鼻梁、眼下、顴骨，以及下巴、法令紋的位置，輕輕拍開。

利用深色粉底當作陰影，再疊上遮瑕度高的淺色粉底，比起用單色粉底上妝，這樣的上妝方式不僅能讓臉部結構更立體，也能讓臉跟身體的界線更加自然，各位不妨試試看喔！

BEFORE   AFTER

輪廓線修容

跟超重口味的大面積修容比起來，大部分的台灣人其實比較適合「輪廓線修容」，重點修一些小部位，不著痕跡地讓臉變小，更適合台灣人喜歡的偽素顏妝感。

STEP 1 以最淺灰調修容色（或是眉粉盤最淺那一格），刷在眼窩以及鼻梁兩側。

STEP 2 以中間灰調修容色，刷在髮際線。

STEP 3 以較深灰調修容色，刷在下顎線。

通常我自己在上妝的時候，會以粉底修容搭配輪廓線修容，以他人看不出來的樣子，完成最大程度的修容，不著痕跡，臉型立體度卻能大大加分。

BEFORE

AFTER

瘦臉修容

　　當然我也了解，覺得自己臉比較圓、比較寬的人，還是很想知道怎麼樣才能修飾臉型，之前曾聽一位彩妝師說過，如果真的不知道怎麼修容，就是在自己的側臉「畫 3」。

STEP 1　先用雙手摸自己的側臉，找到太陽穴最凹陷處，與顴骨下最凹陷處。

STEP 2　沾取中間調修容色（膚色較深就沾取較深修容色），由太陽穴出發，往顴骨下方凹陷處，以及下顎線，畫出一個大大的 3。

　　是的，正因為側臉的修容軌跡看起來像是阿拉伯數字的 3，所以才叫做「畫 3」，如果總是記不得修容要刷在哪裡的，就可以記住這個訣竅，畫出漂亮的瘦臉修容。

BEFORE   AFTER

局部打亮

除了修容以外，打亮也是很重要的，就像在繪畫中光與影同等重要一樣，打亮做得好，修容就不用修太重，兩者可以相輔相成。在這邊也分析一下打亮的幾個重點位置：

眉骨　眉峰上方與眉尾下方，如果希望眼部輪廓更明顯，可以再加上眉頭上方。

臉頰　顴骨、眼外 C 字，甚至眼頭下方的細長三角也能打亮。

鼻梁　很多人都會把整條鼻梁打亮，但這樣並不自然，建議在山根、鼻頭分別打亮就好，還能調整鼻型。

下巴　下巴正中間一小點，可以集中臉型。

嘴唇　唇峰邊線打亮也可以增加全臉立體感，如果想要有豐唇感，也可在下唇中間打亮。

至於要使用珠光打亮、超爆光打亮，還是霧面打亮，端看個人喜好，如果想要低調打亮的話，使用霧面米色眼影即可。

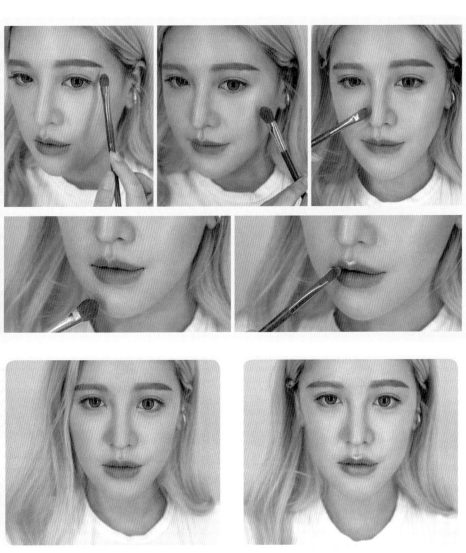

BEFORE   AFTER

由於本書洋洋灑灑也已經寫了將近六萬字，實在沒有篇幅分享更多化妝技巧。老話一句，如果想要了解更多化妝技巧，請上我的個人網站或是 YouTube 頻道觀看。

　　我寫化妝教學的時間，可是比分享微胖歷程的時間更長啊！只不過因為從小胖到大，心得完全足夠我寫出一本書而已。

3

在家也能做，居家徒手肌力訓練

我們不一定要追求世人眼中的標準體重，不一定要逼自己瘦成一個紙片人，但我重訓兩年以來，發現強健體魄之餘，還能讓自己的線條更好看，怎麼算都是一件很划算的事。我也了解，對於很多肉肉女孩來說，要踏出運動的第一步真的有點困難，可能覺得自己等級還很低，可能覺得沒有時間、沒有場地，可能害怕他人的眼光……

但沒有關係，我在這邊準備了一些簡單的居家徒手運動，不需要太大的空間，可以依照自己的程度循序漸進，試著讓自己動起來！在這邊也要再次提醒，胖哪裡、瘦哪裡都是基因決定的，不可能有某個運動能讓妳單一部位減脂，只能做有氧運動全身減脂，看妳的基因讓妳減脂減在哪裡，有些人會先瘦肚子、有些人會先瘦大腿，這都是基因決定的。

雖然我們無法控制減脂減在哪裡，但我們可以控制增肌增在哪裡，所以才會鼓勵大家可以先從這些徒手的肌力訓練開始。

核心運動

上捲腹

捲腹其實分成很多種，既然有上捲腹，也就有下捲腹，但下捲腹難度較高，本書就先不示範。上捲腹主要訓練上半段的核心肌群，也是比較容易訓練到的部位。在上捲腹中，我也挑選較為簡單、較不容易造成運動傷害，而且較不占空間的一種，示範給大家。

STEP 1　找一個靠牆的角落，將腳底板靠在牆上，小腿與大腿成 90 度躺下。

STEP 2　核心收緊，雙手伸直，往膝蓋方向微微起身。

STEP 3　起身後停頓 1~2 秒，再躺回地上，重複此動作 10~20 次，稍作休息後再做 10~20 次，大約做 3~5 組。

若是核心較弱，連做最基本的上捲腹都會覺得核心、頸椎吃力的話，可以在上半身墊一塊小毛巾，抓著毛巾的邊角緩緩起身，減少負擔。

降腿

降腿其實可說是簡單版的下捲腹，訓練的部位是下半段的核心肌群，做起來沒有什麼技巧，卻可以讓妳沒幾下就痠到叫媽媽，只要有地板跟瑜珈墊就能做，C/P 值多高呀！

STEP 1　在地上躺平後，將雙腿併攏，盡量抬到與地板 90 度垂直的位置。

STEP 2　緩緩將腿放下，但不能夠碰到地板，在碰到地板之前，再度將腿抬回 90 度位置。

STEP 3　重複此動作 5~15 次，稍作休息後再做 5~15 次，大約做 3~5 組。

TIP　將腿放下時，動作越慢會越有感，但如果已經感覺到後背也在疼痛，就先稍事休息，下一組繼續加油。

交叉腿

　　上半段、下半段的核心肌群都得到訓練以後，千萬別忘了還有側腹線條，交叉腿跟將腿一樣，沒有什麼技巧，也只需要地板跟瑜珈墊，做起來卻非常有感！

STEP 1　在地上躺平，單腳往斜上方抬起後，漸漸放下，但不能碰到地板。

STEP 2　一腳往下時，另一腳往斜上方抬起再漸漸放下，以此類推。

STEP 3　左右個別做 5~15 下，稍作休息後再做 5~15 下，大約做 3~5 組。

TIP　這個動作也是一樣，做得越慢越有感，但做起來也會比想像中更吃力，所以還是要依照自己的狀況去評估單組做的次數喔！

上半身運動

伏地挺身

伏地挺身算是上半身徒手訓練之王，一個動作就可以練到手臂、胸大肌、後背，所以算是訓練上半身必做的動作。只是對於大部分的女生來說，這個動作並不容易，但只要調整一下方式，就算是初學者，也能試著做做看喔。

STEP 1　借助家中一張不易被移動的桌子，將身體傾斜、腳掌著地，手掌扶在桌子邊緣。

STEP 2　肚子、臀部收緊，身體成一直線，感覺胸部往手掌邊緣靠近。

STEP 3　下到極限後，再將自己的身體往上撐（依然要成一直線）。

STEP 4　重複此動作5~15次，稍作休息後再做5~15次，大約做3~5組。

跪姿伏地挺身示範

TIP　若是手臂肌力真的很弱的人，可以從扶牆壁開始做，一樣要將身體傾斜、腳掌貼地，並且讓身體成一直線，這樣一樣是會有效果有感的；如果是肌力更強的人，則是可以試試看跪姿伏地挺身。

彈力帶 Pull Over

　　女性因為天生上半身的肌肉較不發達，大部分重訓中的上半身徒手訓練，像是引體向上、撐體等等，初學者應該都是無法做到的，所以除了啞鈴、TRX 等等器材以外，一般還會借助不占空間的彈力帶增加一點阻力，去達到訓練效果。

　　這個動作練到的是手臂後側，也就是大家最介意的蝴蝶袖位置，如果動作正確，會整塊肌肉都非常有感。

STEP 1　選擇短款彈力帶，初學者建議阻力挑選較輕的。

STEP 2　以右手將彈力帶上緣壓在左胸口，左手掌放在彈力帶下緣。

STEP 3　上手臂、肩膀保持不動，手肘以下將彈力帶向後拉。

STEP 4　換邊重複動作，左右個別做 5~15 下，稍作休息後再做 5~15 下，大約做 3~5 組。

TIP 做這個動作時，請務必記得上手臂、肩膀保持不動，只有下手臂移動，而且要將彈力帶往後拉，而不是往側邊拉。

彈力帶坐姿划船

彈力帶種類其實也分很多種，有長的、短的，有開口的、搭配訓練繩的等等，初學者建議可以長短各一條，大概就能搞定許多訓練，長款大約選擇阻力 15 磅以下即可，動作可以做得確實，習慣後再加重阻力。

划船主要練背，可用啞鈴或各種器材去變化，也有站姿、坐姿划船各種種類，但怕初學者站姿划船會因為姿勢不正確而受傷，在這邊以坐姿划船教學為主。

STEP 1　雙腳打直坐在地上，將彈力帶套在其中一隻腳上。

STEP 2　後背打直、擴背收緊，以同一邊的手將彈力帶向後拉。

STEP 3　換邊重複動作，左右個別做 5~15 下，稍作休息後再做 5~15 下，大約做 3~5 組。

TIP 若是姿勢正確的話，會感覺到平常內衣背扣下方那一塊肌肉有點痠痠的，
如果只覺得手臂痠，後背卻無感的話，表示姿勢可能有問題，要再調整喔！

下半身運動

相撲深蹲

　　還沒遇到對的教練以前，我是一個連做一般深蹲都會下背痛的人，當時在家徒手訓練，為了訓練到大腿肌肉，我用來取代深蹲的動作就是相撲深蹲。因為沒有膝蓋角度、下背姿勢正確與否的問題，相對來說，也比較不會造成運動傷害，雖然說訓練到的肌群跟傳統深蹲不太一樣，但初學者做起來會更容易上手，是個適合讓新手習慣下半身肌力訓練的最佳動作。

STEP 1　雙腳往外站大約一公尺
　　　　寬，腳掌向外打開。

STEP 2　上半身挺直不駝背，緩慢

向下蹲，蹲到膝蓋大約呈 90 度再往上。

STEP 3　往上站直時，屁股夾緊，膝蓋不鎖死。

STEP 4　重複此動作 10~15 次，稍作休息後再做 10~15 次，大約

　　　　做 3~5 組。

TIP　其實相撲深蹲做起來真的很簡單，應該不太會有姿勢錯誤的問題，但初學
　　　者可以先放慢速度做穩，確認自己可以穩定做好，再要求次數。

臀橋

　　不管是腿粗還是腿細，我想很多人都對自己的屁屁頗有微詞、恨鐵不成鋼，但其實練屁屁的動作中，還滿多都是在家就能做到的，既然如此簡單，何不試試看呢？

STEP 1　膝蓋彎曲，腳跟著地躺在地上。

STEP 2　肚子收緊，將屁股往上抬到極限後停頓 1-2 秒放下。

STEP 3　重複此動作 10-15 次，稍作休息後再做 10-15 次，大約做 3-5 組。

TIP　這個動作主要訓練屁屁下緣的肌肉，做習慣了以後，也可以搭配彈力帶增加阻力，會更有感。

徒手訓練

搭配彈力帶增加阻力

跪姿抬腿

前一個動作是練屁屁下緣，針對更難練的屁屁中段跟上緣，這裡也要介紹一組簡單的動作，要練屁屁，就整組練起來！

STEP 1　膝蓋跪地，手掌撐地，後背打直不駝背。

STEP 2　腿部彎曲向上抬起到極限後放下。

STEP 3　換邊重複動作，左右各做 8~15 下，稍作休息後再做8~15下，大約做 3~5 組。

這個動作同樣也可以搭配彈力帶增加強度，但要注意將腿往上抬的時候不要壓腳背，盡量讓腳跟與小腿呈現90度，訓練到的範圍會不一樣。

無論如何，活出妳自己最喜歡的樣子

在這本書中，我幾乎跟大家分享了我大半的人生故事跟經驗，許多人認為我活得如此自信，大概是因為人生極為順遂，但當妳看完這本書，還會認為我是一個不曾因為自卑與不安全感而痛苦的人嗎？（如果還是覺得我人生很順遂的話，那抱歉，有機會我再跟妳說說另外那大半的人生故事。）

基於社會的價值觀與許多父權之下的視點，我們對於自己的外表、身材，甚至於自己的能力與聰明才智，大概都曾感到過懷疑。因為如此，妳身邊的女性也常常認為我們就是應該要這樣、要那樣，身為女性就只能跟著世俗的腳步前進。但真正讓妳愉快的是什麼？真正讓妳有成就感的是什麼？這應該才是最重要的。有些人認

為：「為什麼要化妝？自然不好嗎？」

但我認為化妝讓我感到快樂，讓我發現自己更多不同的面貌，所以我喜歡化妝。並不是因為社會價值認為我應該化妝，所以我才化妝。如果妳認為素顏讓妳自在、舒適，那妳就不需要化妝。

有些人認為：「妳瘦下來一定更好看，怎麼不減肥？」

但他們又怎麼會知道，瘦下來的我會不會更好看？瘦下來的我，是否依舊會遭受到這些酸言酸語？

我認為 70 公斤左右的我很好看，皮膚膨潤、精神飽滿，而且心理狀態極佳。甚至有些人認為：「妳只是個美妝網紅，沒有資格評論時事。」

抱歉，那你又是哪位？為什麼可以評

論我呢？

　　我是一位獨立自主的女性，我知道最百搭的唇膏色號、最顯瘦的穿搭方式，但我也一樣可以上知天文、下知地理，在煩惱今天要貼哪一款假睫毛、午餐吃什麼的同時，照樣可以憂國憂民。

　　妳呢？妳想要為自己，活出什麼樣貌？

www.booklife.com.tw　　　　　　　　reader@mail.eurasian.com.tw

圓神文叢 306

微胖生存學：別讓體重決定妳的美

作　　者／波　痞
插畫‧攝影／波　痞
封面攝影／郭品君
發 行 人／簡志忠
出 版 者／圓神出版社有限公司
地　　址／臺北市南京東路四段50號6樓之1
電　　話／（02）2579-6600‧2579-8800‧2570-3939
傳　　真／（02）2579-0338‧2577-3220‧2570-3636
總 編 輯／陳秋月
主　　編／賴真真
專案企畫／沈蕙婷
責任編輯／吳靜怡
校　　對／吳靜怡‧歐玫秀
美術編輯／林雅錚
行銷企畫／陳禹伶‧朱智琳
印務統籌／劉鳳剛‧高榮祥
監　　印／高榮祥
排　　版／陳采淇
經 銷 商／叩應股份有限公司
郵撥帳號／18707239
法律顧問／圓神出版事業機構法律顧問　蕭雄淋律師
印　　刷／國碩印前科技股份有限公司
2021年12月 初版

定價 370 元　　　ISBN 978-986-133-801-9

偶爾還是會有人說：「妳如果瘦下來一定很好看！」但抱歉，我真的不認為我瘦下來一定比現在更好看。我70公斤，離世人眼中的瘦有遠遠一大段距離，但現在的我卻比53公斤的自己更有自信。

——《微胖生存學》

◆ **很喜歡這本書，很想要分享**

圓神書活網線上提供團購優惠，
或洽讀者服務部 02-2579-6600。

◆ **美好生活的提案家，期待為您服務**

圓神書活網 www.Booklife.com.tw
非會員歡迎體驗優惠，會員獨享累計福利！

國家圖書館出版品預行編目資料

微胖生存學：別讓體重決定妳的美／波痞 著.
-- 初版. -- 臺北市：圓神出版社有限公司，2021.12
248 面；14.8×20.9公分. --（圓神文叢；306）
ISBN 978-986-133-801-9（平裝）

1.自信 2.自我實現 3.生活指導

177.2   110017139